はじめに

「米軍基地全面返還したら９１５５億５０００万円の経済効果がある」は真っ赤な嘘である。信じられないことに、県の権威の最高機関である沖縄県議会は嘘の理論を発表した。

沖縄二紙も経済効果を認める記事を繰り返し発表した。

翁長雄志知事は「米軍基地は経済発展の最大の阻害要因だ」と公言している。

沖縄は嘘が蔓延している。

責任は県議会にある。

責任は県議会の嘘を公言している翁長知事にある。

責任は「米軍基地全面返還したら９１５５億５０００万円の経済効果がある」を容認している政治家、学者、識者、マスコミにある。

米軍基地を全面返還しても９１５５億５０００万円の経済効果はない。４２０６億６１００万円のマイナス経済効果しかない。

「米軍基地全面返還したら９１５５億５０００万円の経済効果がある」を翁長知事と県議会は撤回し、県民に謝罪するべきである。

目次

第一章

那覇新都心の経済効果はゼロである

私は２０１２年七月に「沖縄に内なる民主主義はあるか」を出版した。その本の第三章に「県議会事務局の米軍基地全面返還したら９１５５億５０００万円経済効果試算の真っ赤な嘘」を発表し、県議会事務局が試算し、県議会が発表した経済効果は本当はマイナスであることを証明した。経済に素人の私が見抜くことができる稚拙な嘘の試算だから、識者や学者であるなら県議会の嘘を簡単に見抜き、それを指摘して、「米軍基地全面返還したら９１５５億５０００万円経済効果試算」は誰も言わなくなるだろうと思っていた。

※試算をしたのは県議会事務局であるが、試算を高嶺県議会長が公表した。それは県議会が試算を認めたということである。だから県議会が出した試算として扱うことにする。

ところが私の予想に反して県議会が発表した試算を批判する識者や学者は一人も現れなかった。それどころか試算を認める識者や学者がほとんどであった。マスコミは経済効果を当然のように報道するようになっていった。

現在は「米軍基地を全面返還したら９１５５億５０００万円の経済効果があり、その効果は米軍基地経済効果の二・二倍である。だから、沖縄経済の発展のためにも米軍基地を返還したほうがいい」という主張が堂々とまかり通っている。

県議会は沖縄で一番権威のある機関である。県議会が発表した試算は権威があるから、県民の誰もが信用する。識者やマスコミが太鼓判を押すからなおさら県民は信じてしまう。

今では革新政治家だけでなく自民党や他の政党の政治家も県議会の試算を認める発言をしている。翁長県知事は県議会が試算した９１５５億５０００万円経済効果を根拠にして「米軍基地は経済発展の阻害要因である」と公言している。

県議会が米軍基地全面返還したら９１５５億５０００万円経済効果があるという試算を出した根拠にしたのが米軍基地返還跡地にできた那覇新都心の経済発展である。

那覇新都心の人口増加は県人口の増加ではない

基地経済と那覇新都心の経済は性質が根本的に違う。県議会は那覇新都心の経済発展は県経済に大いに貢献していると述べているが、それはとんでもない間違いである。基地経済は県経済に貢献しているが、那覇新都心の経済は県経済にほとんど貢献していない。那覇新都心の経済は県経済への貢献度は限りなくゼロに近い。

那覇新都心の土地利用構成は、商業・業務地・沿道型商業地、中高層住宅地、低層住宅地、公共施設用地、道路、公園・緑地である。

那覇新都心には農業をやる畑地はないから農業生産をやらない。那覇新都心には工業用地もないから工場はない。だから製品を製造することはしない。那覇新都心の経済は農業生産、工業生産はゼロである。ショッピングセンター、スーパー、家電販売店、飲食店などのサービス業の売り上げが那覇新都心の経済の大半を占めている。那覇新都心は生産をしない広大な消費地である。

那覇新都心が軍用地であった時は沖縄人の住人はゼロであった。軍用地が返還され、区画整理をした後にマンションやアパートが建ち住民がどんどん増えていった。那覇新都心の経済を成長させたのは那覇新都心の新しい住民である。那覇新都心の高層マンションやアパートや住宅に住むようになった住民は家賃や電気料、ガス料金を払う。そして、生活のために消化する商品を那覇新都心のスーパーや電化製品店などで買う。美容院、病院、飲食店でもお金を使う。

那覇新都心の経済発展の原動力となっている住民はどこからやってきただろうか。那覇市内から移転した人もいるだろう。那覇市内で仕事をしていながら宜野湾市に住んでいた人が会社が近い理由で那覇新都心に移転したケースもあるだろう。人それぞれの理由で那覇市内の人たちや那覇市外の人たちが那覇新都心に移転した。

０人だった那覇新都心の人口が2万人になった時、県の人口は2万人増加しただろうか。那覇新都心に移転してきた人のほとんどは県内に住んでいた人たちであるから那覇新都心の人口が増加しても県の人口は増加しない。那覇新都心の人口増加は那覇市の人口増加には影響を与えるだろうが県の人口増加にはほとんど影響がない。

那覇新都心の県全体に対する経済効果はゼロである

那覇新都心として生まれかわる前の牧港米軍住宅地からの基地関連収入は年間５２億円、当時の経済波及効果は所得誘発額が１７億円、税収も６億円ほどであった。これが基地返還後に開発が進んだ結果、那覇新都心の年間販売額は６００億円を超え、所得誘発額も返還前の１０倍を超える１８０億円、税収も９７億円に膨らんだ。そのことを根拠にして、「米軍基地を返還した方が経済効果が上がる」の理論が生まれ、米軍基地は沖縄の経済発展を阻害していると主張するようになった。しかし、消費経済である那覇新都心の経済効果は県全体に対してはゼロであり、経済効果があるというのは嘘である。

那覇新都心の人口が増加しても県全体の人口が増加しないのと同じように那覇新都心の経済が増加しても県全体から見れば増加していない。

西原町に住んでいた時のＡさんは西原町で買い物をしていたが、那覇新都心に移り住むと那覇新都心で買い物をするようになる。那覇市久茂地に住んでいたＢさんが那覇新都心に移転したら那覇新都心で買い物をするようになる。那覇新都心に２万人の人が移転してきたとすると、県内のどこかで買い物をしていた２万人の人たちは那覇新都心で買い物をするようになる。那覇新都心の売り上げは上昇するが、２万人が以前に住んでいたそれぞれの場所は那覇新都心の売り上げが伸びた分だけ落ちることになる。

交通が便利な那覇新都心であり、郊外型の大型店舗が多いから他の場所に住んでいる人も那覇新都心で買い物をするようになる。それも同様に那覇新都心以外で買い物をしていた人が那覇新都心で買い物をするようになっただけであり、那覇新都心の売り上げが伸びた分だけ別の場所の売り上げが落ちる。

那覇新都心の売り上げが伸びるということは同時に別の場所の売り上げが落ちるということであるから、県全体から見れば那覇新都心の経済効果はプラスマイナスゼロである。

那覇新都心の新しい住民のほとんどは沖縄県内に住んでいた人たちである。那覇新都心の売り上げが伸びたからといって、彼らは県内に住んでいたのだから県全体の売り上げが伸びたわけではない。

県全体から見れば那覇新都心の経済効果はプラスマイナスゼロであり、那覇新都心の経済発展は県経済の発展には全然貢献していない。本当は那覇新都心が県全体に与える影響は５５億円のマイナスなのである。県全体からみれば５５億円という額は小さいからほとんど影響はないが、計算上は那覇新都心経済はマイナスである。

那覇新都心の経済効果は、米軍基地返還のマイナス点を除けば、県全体から見ればプラスマイナスゼロである。那覇新都心の経済効果を全ての米軍基地が返還された場合の経済効果に当てはめるとすれば、本当は県経済にとって米軍基地経済効果４２０６億６１００万円(県議会発表参考)のマイナスになることになる。莫大なマイナスの経済効果である。

県企画部の経済効果試算の欺瞞

琉球新報は２０１５年２月５日の新聞で、「普天間基地返還で３２倍の経済効果　桑江・北前は１０８倍　沖縄県試算」の題名で、沖縄県企画部が試算した嘉手納飛行場以南の米軍基地返還による経済効果を発表した。

県企画部は基地返還前後の嘉手納飛行場以南の経済効果の試算を新たにまとめたという。県企画部の試算では返還後の直接経済効果は普天間飛行場で現在の３２倍の３８６６億円、キャンプ桑江は８倍の３３４億円、那覇軍港は３６倍の１０７６億円、キャンプ瑞慶覧は１０倍の１０６１億円、牧港補給基地は１３倍の２５６４億円、那覇軍港は３６倍の１０７６億円の経済効果が試算され、総額は１８倍の８９００億円になったという。

県企画調整課は「跡地利用を進めることで大きな経済効果が生まれる。早期返還、早期の跡利用計画策定が重要だ」と指摘している。

県企画部が試算の参考にしたのが那覇新都心地区、小禄金城地区、桑江・北前地区の元米軍基地だった地区の返還後の経済効果である。那覇新都心地区は返還前は５２億円だったが返還後は３２倍の１６３４億円、小禄金城区は返還前は３４億円であったが返還後は１４倍の４８９億円、桑江・北前地区は返還前は３億円であったが１０８倍に経済発展し３３６億円の経済効果があった。

三地区の経済発展を参考に普天間飛行場等の返還後の経済効果を県企画部は出したが、今まで説明した通り那覇新都心の県全体に対する経済効果はゼロである。小禄金城区と桑江・北前区も新都心と同じように経済効果はゼロである。

沖縄県企画部の試算はマイナスを計算していない。確かに桑江・北前地区は多くの店舗が立ち並び美浜タウン、ハンビータウンと呼ばれるようになり経済発展している。しかし、発展の裏には客を取られた沖縄市、宜野湾市などの多くの商店の閉店がある。

沖縄市銀天街は、コザ十字路の近くにあり、バスが交通の中心であったころ頃、具志川、石川、読谷などからも客が集まり、昭和時代は大変賑わっていた。

食品店は、そうざいの店　三幸、フジパーラー、照喜名ミート、座間味成果など11店舗、おしゃれの店は、ファッション・ミヤサト、パーマハウスロシエなど10店舗。暮らしのお店はユニオン商事、コザ銀天大学など13店舗があった。

しかし、胡屋に一番街ができると次第に客が少なくなっていった。それでもそこそこの客が居た。沖縄市は銀天街を復活させようと色々なイベントを行ったが銀天街の客が復活することはなく、商店は減っていった。

北谷町の桑江・北前地区に大型店舗ができると、なおさら客は減っていった。

現在の銀天街は大通りの商店も路地裏通りの商店も全ての商店のシャッターが閉まっている。銀天街はゴーストタウンになっている。

掲載してあるのは最近の日曜日の午後の写真である。

見ての通り銀天街を通る人はほとんどいない。

１９７４年の沖縄市誕生と共に整備された胡屋十字路北西側に、アーケードのある一番街ができた。中部では最大規模の商店街であり、沖縄市が経済発展を期待してつくった肝いりの商店街であった。一番街に加え、パークアベニュー通り、コリンザなどもつくり沖縄市以外の客を集めて繁栄した。

しかし、桑江・北前地区にハンビータウン、美浜タウンに大型店舗が次々と建つと、一番街の客は激減した。景気低迷に歯止めをかけようと沖縄市は店舗の家賃の半分を負担したり、アイデアを募集したり、イベントをやって復活を目指したが、客離れに歯止めをかけることはできなかった。一番街からは桑江・北前地区に移る店舗も増えた。

日曜日にお客で賑わうのが商店街であるが、一番街、パークアベニュー、コリンザはほとんど人が居ないゴーストタウンになっている。原因はハンビータウン・美浜タウンに客を奪われたからである。

日曜日の昼である。一番街の店は全てシャッターが閉まり、歩く人もいない。

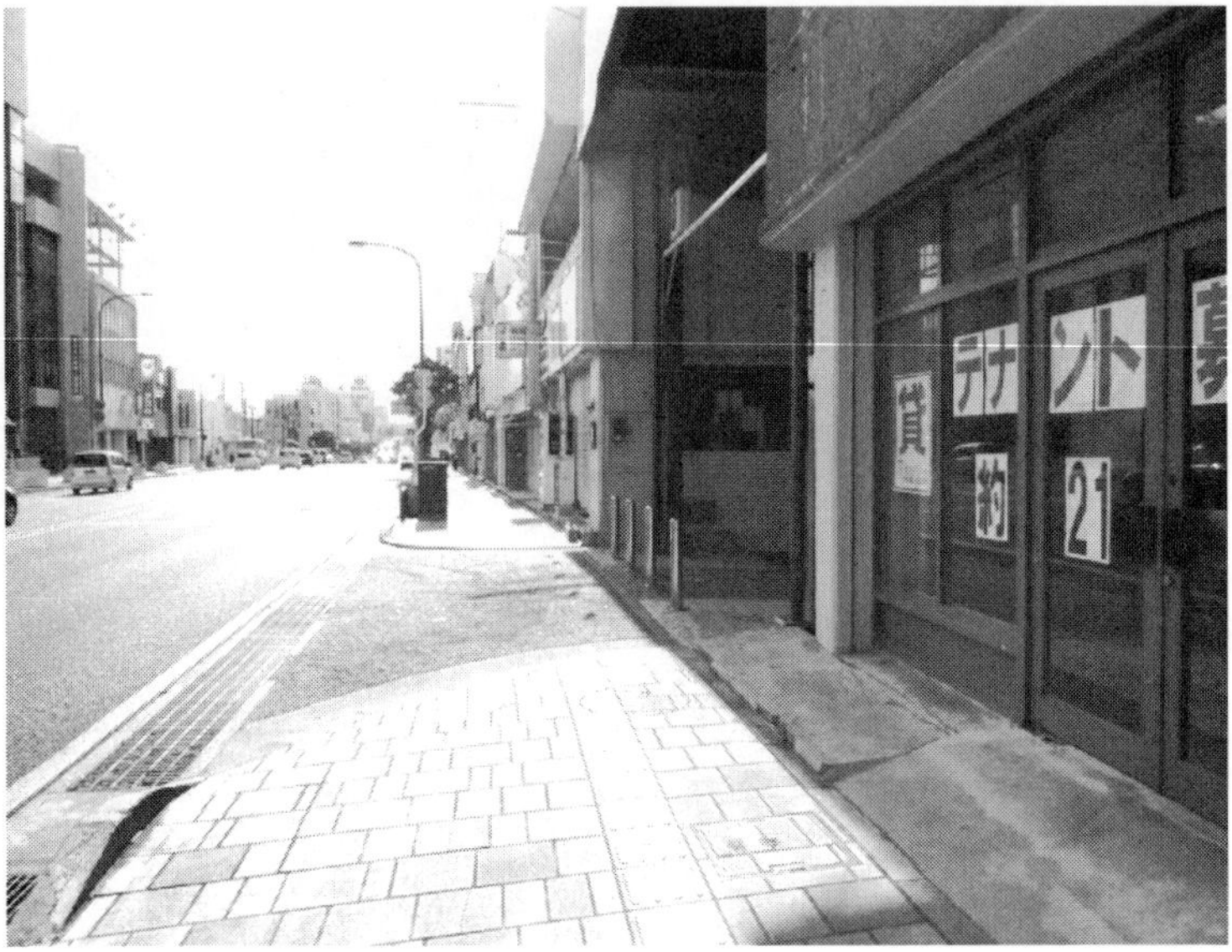

胡屋の国道沿いは車は多いが通りに人の影は少なく空き店舗が多い。

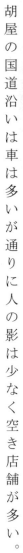

パークアベニューもほとんど人は通らない。

コリンザである。コリンザには商業店舗はひとつもない。市役所関係の事務所があるだけであ

る。

コリンザは１９９７年にハンビータウン・美浜タウンに奪われた客を呼び戻すために造られた第三セクターのショッピングセンターである。五百メートルほどのパークアベニュー通りの先にコリンザはある。しかし、集客はうまくいかないで、コリンザの累積赤字が増えていった。２００５年には累積赤字は１２億円弱となり、沖縄市の助役が社長となって仲宗根市長は会長へ退いたが、２００７年には民間の調査会社が債務超過額が２４億円超に達すると発表した。

コリンザ内の店舗のほとんどは閉鎖し、２０１４年６月２６日沖縄市が 買い取る方針を固めた。購入額は６億円前後になる見込みである。

銀天街、一番街、パークアベニュー、コリンザは今やゴーストタウンである。原因は桑江・北前地区に規模がはるかに大きいショッピングタウンができたからである。桑江・北前地区は３３６億円の経済効果があると県企画部は発表しているが、その経済効果は沖縄市や宜野湾市、嘉手納町、読谷村などの商店から集客したからである。３３６億円は新しく生まれた経済効果ではなく、他の地域から奪った経済効果である。県全体からみればプラスマイナスゼロである。

県企画部は桑江・北前の経済効果だけをみて、一番街やパークアベニューなどのマイナスの経済効果をみていないから、３３６億円の経済効果があると言えるのである。

北谷町にとっては３３６億円の経済効果があると言える。しかし、県全体の経済効果をみなければならない県企画部は３３６億円の経済効果があるとは言えない。県企画部は北谷町のプラスの経済効果が他の商店街ではマイナスの経済効果があり、多くのゴーストタウンが発生じていることを正確に把握するべきである。そして、経済復興に手を差し伸べるのが県がやるべきことである。

那覇新都心はお金が県外に出ていく経済

那覇新都心の経済は小売り・サービスの消費経済である。県民が那覇新都心で商品を買うとその商品の仕入れ原価は県外に出ていく。

2008年度の移・輸出入

県外に出ていくお金
移(輸)入　1兆4012億5200万円
　商品　1兆3427億9300万円
　原油　1507億1900万円

県外から入ってくるお金
A 移(輸)出　3943億0500万円
B 観光収入　4298億8200万円

C米軍基地からの要素所得 1397億4500万円
軍雇用者所得　　520億3500万円
軍用地料　　　　783億7500万円
米軍等への財・サービス提供 686億5100万円
D交付金　　　　2574億6100万円

県の経済が発展するには県に入ってくるお金が増加することにある。那覇新都心の経済は県からお金が出ていく経済だから県経済に貢献していない。基地経済によって県内に入ってきたお金か那覇新都心で使われて県外に出ていく。基地経済は県の経済に貢献しているが那覇新都心は基地経済の恩恵を受けている経済である。

那覇新都心経済は県全体から見ればプラスマイナスゼロであり、お金が県外に出ていくから県経済には貢献していないのが那覇新都心の経済である。

県にお金が入ってくる基地経済と県からお金が出ていく那覇新都心の経済を同質の経済とみなしたことに県議会の根本的な間違いがある。

県経済に貢献する基地経済・貢献しない那覇新都心経済

平成二十二年（2010年）に発表した沖縄県企画部の統計によると、平成二十年度(2008

年)の軍雇用員の所得は520億円である。軍雇用員が給料をもらった時、日本政府から県内に520億円のお金が入ってくることになる。軍用地料は783億円である。軍用地料783億円が地主に払われた時、日本政府から県内に783億円のお金が入ったことになる。政府から県内に流入してきた軍雇用員の所得520億円と軍用地料783億円の合計1303億円は県内で流通して、県経済に大きく貢献する。

那覇新都心で県外から移入・輸入された商品が874億円分売れたとすると、もし商品の原価が60%であるとするなら約524億円のお金が県外に出ていくことになる。残りの350億円は県内で再び流通する。

基地経済は日米政府から県内にお金が入ってくる経済であり、那覇新都心の経済は県外へお金が出ていく経済である。基地経済は県経済に貢献し、那覇新都心経済は貢献しない。

このような理屈は丁寧に説明すれば小学生でも分かる。小学生でも分かる理屈なのに沖縄県の知事、県会議員、学者、識者は知らないのである。いや、本当は知っているかも知れない。知らないふりをしているだけかもしれない。なぜか、それは米軍基地は沖縄経済を阻害しているという口実をつくって米軍基地撤去を正当化するためである。そのために真っ赤な嘘を吐いているのだ。

第二章

沖縄県議会が発表した「米軍基地全面返還したら９１５５億５０００万円の経済効果がある」は真っ赤な嘘である

２０１０年９月１０日、沖縄県議会は「全基地返還で年９１５５億円５０００万円の経済効果がある」と発表した

県議会（高嶺善伸議長）は１０日、在沖米軍基地がすべて返還された場合の経済波及効果の試算を発表した。全面返還の生産誘発額は年間９１５５億５０００万円。一方で現状の基地が沖縄経済にもたらしている生産誘発額は軍用地料などの基地収入から基地周辺整備費などの国の財政移転、高率補助のかさ上げ分までを含め年間４２０６億６１００万円にとどまる。全面返還されれば経済効果は２・２倍になると試算した。

基地の経済効果について高率補助のかさ上げ分を含んだ試算は初めて。嘉手納以北の基地返還と周辺海域の漁業操業制限を解除した場合の経済波及効果の試算も初。高嶺議長は「他府県からは基地があるため国からの財政移転が相当あると思われているが、実際には基地あるがゆえの逸失利益が相当大きい。国にも振興策の中で検討するよう求める」と述べた。

県議会発表の試算では雇用面も好影響が生まれ、現状の基地関連の２・７倍となる９万４４３５人の雇用が生まれるとした。

基地がもたらす効果は高率補助のかさ上げ分（２００８年度実績）以外は０３〜０７年度の５年の平均値。軍用地料や基地内工事などの直接の投下額は３２５５億８４００万円とした。

全面返還され跡地利用された場合の生産誘発額は総額年間4兆7191億4400万円だが、県内の他地域からの需要移転（パイの奪い合い）などの影響を差し引いた割合は総額の19・4％と推計し、全面返還効果を算出した。

「琉球新報」

県議会がまとめた基地の経済効果試算は基地収入以外に沖縄振興特別措置法に基づく高率補助のかさ上げ分を算入したのが特徴だ。高率補助は本来、戦後、日本の施政権から切り離されて生じた格差の是正が目的。基地とのリンクではないとされてきた。しかし今試算であえてかさ上げ分を加えたのは「沖縄は基地のおかげで国からの予算が潤沢だという誤解が国にも他府県にもある」（高嶺県議会議長）との思いからだ。同試算では、返還後の跡地利用のインフラ整備や建築投資などは「期間や投資額が予測困難」として含めていない。返還後、他地域からの需要移転も那覇新都心や北谷の事例から単純合計の19・4％と厳しく推計している。現状の経済効果はかさ上げ分などを盛り込んで多めに、全面返還の推計値は少なく見積もっても経済波及効果は2・2倍の格差が生じる。今後は基地あるがゆえの逸失利益を新たな振興策の議論にどう乗せていくかが焦点だ。ただし同試算は県が条件設定の難しさを理由に難色を示し、議会事務局が代わって算定した。基地が経済発展の阻害要因になっていることを内外に認識させるためにも、県の積極姿勢が望まれる。

「琉球新報」

県議会は、もし、米軍基地がすべて返還された場合の経済効果は年間4兆7191億400万円であると具体的な数値の試算を発表した。試算の内訳は嘉手納基地の以南では9109億6900万円であり、嘉手納基地以北の経済効果は3兆7350万円、100ヘクタール以下の小規模面積施設は730億9400万円と試算した。合計すると4兆7191億400万円の経済効果になるという。しかし、現時点の県内経済規模で実現可能な経済効果は、全部返還した効果の19・4%にとどまるとして、年間9155億5000万円の経済効果に上るとの修正試算結果を発表した。米軍基地から現在生じている経済効果の2・2倍に当たるという。

県議会は雇用効果も試算している。県議会によれば、米軍基地があるために生じる雇用効果3万4541人に対し、全部の米軍基地が返還された場合の雇用誘発者数は48万6754人になるという。平成24年2月の県全体の就業者数は60万8千人である。10%の土地の米軍基地が返還されると雇用誘発者数が48万6754人にもなるという途方もない試算である。

県議会は実現可能な雇用効果(19・4%)は米軍基地の経済効果より2・7倍に当たる9万4435人であるという。沖縄県の完全失業率は7・5%であり、完全失業者数は5万人である。基地が全部返還された時の雇用効果9万4435人は、米軍基地関連の雇用効果3万4541人と完全失業者5万人を合計した8万4541人を上回っている。基地関連雇用者と完全失業者すべて雇用しても、9894人の労働者不足になる。失業率ゼロどころか、県外から9894人の労働者を募集しなければならなくなる。ものすごい雇用効果である。

それにしても、奄美大島、八重山、宮古島には米軍基地はないが、米軍基地のある沖縄本島に比べて経済は発展していない(嘉手納基地以南の人口密度は東京都並みである)。米軍基地がないほうが経済は発展するという法則は沖縄本島だけにあり、奄美大島、八重山、宮古島にはこの経済法則はないようだ。

高嶺県議会長は、試算で基地が全部返還した時の経済効果が年間9155億5000万円に上るとの試算結果を根拠にして、復帰後1972年~2011年の間に沖縄に投じられた国の予算(9・9兆円)の少なさを指摘し、

「振興策について政府内からは『沖縄を甘やかしてはいけない』という議論があるが、試算を見れば39年間で9・9兆円とは、支援策としてあまりにもたりないことは明白だ」と述べている。

高嶺県議会長は復帰後、米軍基地が全て撤去されていた時の方が沖縄の経済は数倍も発展していたと主張し、「ポスト振興策の議論が始まる中、米軍基地による経済影響を正確に把握し、沖縄の自立経済を確保するため国の支援を求める根拠としたい」と述べている。

県の最高権威である県議会が発表し、新聞が認めた。県民は信じるしかない。発表して四年が経過したが、県議会が出した試算を批判した政治家、学者、識者はいない。賛同する者だけである。反論したのは政治家でもない学者でもない評論家でもない一般人の私一人である。考えられない沖

縄の状況である。沖縄は政治家、学者、識者、マスコミの大嘘がまかり通っている社会である。

県議会による駐留軍用地が全て返還された場合における跡地利用等の経済波及及び効果9155億5000万円のでたらめな試算

那覇新都心の経済効果を参考に米軍基地全てが返還された時の県議会による試算

生産誘発額　4兆7191億4000万円
所得誘発額　1兆2420億9000万円
雇用誘発者数　48万6754人
※人口　126万5560人(著者の試算)

※生産誘発額とは
全ての生産活動は、最終需要を満たすために行われている。つまりは、全ての生産活動は最終需要によって誘発されると言える。このように、ある産業に生じた最終需要を賄うために、各産業で直接・間接に必要となる生産額を生産誘発額という。分かりやすく言えば、購買額のことである。生産して売る金額ではなく、消費地で買う金額と密接な関係がある。

生産誘発額については、返還予定地の全てが那覇新都心並みに整備されるという前提に立ったものであり、雇用誘発者数については周辺地域における土地利用等を勘案・試算したものであるが、実現に向けては、同額程度の県内経済の拡大、もしくは県内他地域からの需要移転が必要になる点に注意が必要であると県議会は説明している。

現時点の県内経済による「全返還効果」の実現可能性(推計値)は19・4%であると県議会は発表している。

生産誘発額　9155億5000万円
所得誘発額　2409億7700万円
雇用誘発者数　9万4436人
人口　　　24万5533人(著者試算)

「全基地返還効果」の実現に向けては、必要条件として同額程度の県内経済の拡大が挙げられるが、現実問題として、経済拡大で対応できるのは一定程度分に限られ、それ以外の経済波及効果分については、県内地域からの需要移転(奪いあい)でまかなうことが想定され、結果として試算を下回るものと考えられる。そこで、現時点の県内経済力で、どの程度実現することが可能なのかを推計し、修正率として加味したと県議会は発表している。以上が県議会の試算である。

県議会発表の試算には人口が試算されていない。私が試算してみると米軍基地跡に24万553人が住む計算になる。那覇新都心経済を参考にしているから、人口が密集している嘉手納基地以南ではあり得ることであるが、嘉手納基地以北ではおかしなことが生じる。

超破格な県議会の試算

※試算を出したのは県議会事務局であるが、県議会は試算を容認し公表した。だから、県議会の試算として扱うことにする。

県議会は米軍基地の全部が返還された場合の試算を「那覇新都心並みに整備・発展する」という前提に立って試算した。すると、なんと全ての米軍基地が返還された時の経済効果は4兆7191億4000万円になった。この金額は平成16年度の沖縄県のGDP3兆5，721億円をはるかに上回るのだ。米軍基地返還跡地の経済が県全体のGDPよりも一兆円も上回るのだ。米軍基地は沖縄県の約10％の面積を占めている。約10％しか占めていない米軍基地が返還されたら、返還された米軍跡地の経済効果は県の平成16年度のGDP3兆5，721億円をはるかに上回る4兆7191億4000万円であり、約10％しかない米軍基地が返還されたら90％を占めている現在の民間地よりもGDPは1兆1470億4000万も高い経済効果が出ると県議会は試算しているのだ。

４兆７１９１億４００万円―３兆５，７２１億円＝１兆１４７０億４０００万

１０％を占める土地のＧＤＰが９０％を占める土地のＧＤＰより１兆１４７０億４０００万も多いなんてあり得ないことであり、とうてい信じることはできない。まるで米軍基地には特別な宝物が埋まっているみたいである。しかし、米軍基地に特別な宝物が埋まっているはずはない。米軍基地の土地は米軍基地以外の土地と同じ普通の土地である。普通の土地でしかないのに約１０％の土地が返還されて民間のものになれば４兆７１９１億４００万円もの経済効果があり、平成１６年度ＧＤＰ３兆５，７２１億円よりもはるかに高いという。それはおかしい。ありえない。こんな試算が出るということは県議会の試算に根本的な間違いがあるということである。

間違いの原因は那覇新都心の経済を返還地に当てはめたことにある。

県議会は米軍基地の全てが返還されたら４兆７１９１億４００万円の経済効果があることをもっともらしく見せるために、返還された場合の経済効果を米軍基地の一つ一つを取り上げて試算している。金額かあまりにも高額であるので「現時点の県内経済による全返還効果の実現可能性は１９・４％である」と大幅な下方訂正をしているがそれでも高額である。

経済効果がゼロであるものを経済効果があるように見せたかけた試算は県民を騙した詐欺行為である。消費経済を生産経済のように見せかけた県議会の試算は最初から矛盾している。県議会の出

した試算がどれほどひどく、どれほど滑稽であるかを説明していく。

県議会は米軍基地返還跡地の試算を場所ごとに詳しく行っている。しかし、人口の試算は出していない。人口の試算を出したら、試算が滑稽であることがばれるからだ。私は人口の試算も加えた。

キャンプハンセンの経済効果試算

県議会試算結果

生産誘発額　１７５４億円７１００万円
所得誘発額　４５７億３２００万円
雇用誘発者数　１万８８４１人
人口　４万８９８６人(著者試算)

実現可能な経済効果試算(１９・４％)

生産誘発額　３４８億円１７３７万円
所得誘発額　８８億７２００万円
雇用誘発者数　３６５５人
人口　９５０３人(著者試算

キャンプハンセンの射撃訓練場には不発弾が多いだろうから、弾を撃ち込んだ山は返還しても使用できないはずなのに、キャンプハンセンの経済効果の試算は１７５４億７１００万円である。不発弾の上にも街をつくってしまうという発想にあきれてしまう。

試算ではキャンプハンセン跡に那覇新都心型の街をつくると、人口は４万８９８６人となる。１万８８４１人の金武町に４万８９８６人もの人口が増えることになる。あり得ないことである。雇用誘発者数は１万８８４１人である。金武町の人口は１万１０３９人なので、雇用誘発者数のほうが金武町の人口よりも多い。

実現可能な経済効果試算における住民増加数は９５０３人である。それでも金武町の人口に近い。一体、金武町の人口に近い人たちがどこから移転してくるというのだろうか。隣の宜野座村の人口は５２４９人である。宜野座村の全住民が移転しても県が試算したキャンプハンセン跡地の人口を満たすことはできない。もし、宜野座村の全住民がキャンプハンセンに移転したとしたら、宜野座村の人口はゼロになる。人口ゼロなら当然経済もゼロになる。県議会は宜野座村の経済がゼロになる試算は出していない。

人口と経済は切り離せない関係にあるが県議会の試算は人口と経済を切り離している。

県議会の嘉手納飛行場・弾薬庫の試算

嘉手納飛行場・弾薬庫の全面積は４６９８haであり、都市的利用面積は３１９０haである。那覇新都心214haのおよそ15倍の広さである。

県議会試算
生産誘発額　2兆6850億1500万円
所得誘発額　7018億200万円
雇用者誘発数　28万8134人
人口　74万4914人(著者試算)

実現可能な経済効果試算(19・4%)
生産誘発額　5208億9291万円
所得誘発額　1136億1530万円
雇用者誘発数　5万5898人
人口　14万5334人(著者試算)

読谷村の人口　4万0760人
旧具志川市の人口　6万8864人
旧石川市の人口　2万3453人
北谷町の人口　2万7696人

嘉手納町の人口　1万3770人

沖縄市の人口　　13万1597人面積4900ha

県議会の嘉手納飛行場・弾薬庫の返還跡地の経済　効果の試算は2兆6850億1500万円である。返還跡地には74万4914人が住むという試算である。県の人口の半分以上が嘉手納飛行場・弾薬庫の返還跡地に住むということになる。あまりにもひどい試算である。笑ってしまう試算である。

実現可能な生産誘発額は5208億9291万円であるが、その金額でも大きすぎる。

人口が13万1597人の沖縄市の生産誘発額は1659億9900万円である。人口が沖縄市とほぼ同じである嘉手納飛行場・弾薬庫跡地の生産誘発額は5208億9291万円であり、沖縄市の3倍以上である。地の下に宝が埋まっているわけでもない嘉手納飛行場・弾薬庫跡地の生産誘発額が沖縄市の3倍以上というのはありえないことである。

嘉手納飛行場・弾薬庫跡地の住民数は14万5334人の試算になり、沖縄市の人口よりも多い。読谷村の人口は4万0760人、旧具志川市の人口は6万8864人、旧石川市の人口は2万3453人、北谷町は2万7696人、嘉手納町の人口は1万3770人である。嘉手納町、北谷町、読谷村から嘉手納飛行場・弾薬庫跡地に住民が移転すると嘉手納町、北谷町、読谷村はゴーストタウンになる。

中国では、全国の投資家から集めた資金を基にして、多くの開発プロジェクトが進行しています。しかし、一部の開発プロジェクトの計画は非常にずさんなもので、全国で200以上の新興開発地域がゴーストタウンと化して放置されているとされています。

沖縄の政治が間違った判断による間違った政策をすれば中国のようなゴーストタウンができてしまう。

那覇新都心の経済が発展したのは周囲が人口密集地だからである。県の人口が増えないことが前提であるなら、嘉手納飛行場・弾薬庫が那覇新都心になったら沖縄市、嘉手納町など周囲の市町村がゴーストタウンになってしまう。周囲がゴーストタウンになれば嘉手納飛行場・弾薬庫跡の新都心の店の売り上げは少ない。経済が発展するのは考えられないことである。

嘉手納基地以北の米軍基地が返還された場合における跡地利用の経済波及効果試算の検証

土地数値は、施設面積100haを超える北部訓練場、伊江島補助飛行場、キャンプ・シュワブ、辺野古弾薬庫、キャンプ・ハンセン、嘉手納飛行場、嘉手納弾薬庫地区、キャンプ・コートニー、トリイ通信施設、陸軍貯油施設、ホワイトビーチ地区などである。

県議会試算結果
生産誘発額　3兆7350億4200万円
所得誘発額　9732億5000万円
雇用誘発者数　40万1017人
人口　104万2644人
実現可能な経済効果試算(19・4%)
生産誘発額　7245億9815万円
所得誘発額　1888億1050万円
雇用誘発者数　7万7797人
人口　20万2272人
嘉手納飛行場以北は那覇市のような人口密集地ではない。むしろ仕事がなくて過疎化が進んでいる。経済力は那覇市に比べて非常に低い。それなのに県議会は嘉手納飛行場以北の経済効果の試算を出すのに那覇新都心の経済を当てはめて、経済効果は3兆7350万円という超破格な試算を出したのである。信じられない試算である。返還跡地の人口は104万2644人である。試算通りだと県の人口が増えないとしたら嘉手納飛行場以南のほとんどの人が嘉手納飛行場以北に移住することになる。中南部はゴーストタウンになってしまうだろう。あまりにもメチャクチャな試算である。

県議会はメチャクチャな試算をごまかすために「19・4%にとどまる」と述べて、なんとか現実性を持たせようととりつくっている。しかし、たとえ、19・4%にとどまるとしても嘉手納飛行場以北の経済効果は7245億9815万円である。実は、この金額でさえも超破格なのだ。

2010年の県の農業生産額は農作物554億円、畜産が370億円で合計924億円である。観光収入は約4070億円だ。農業と観光収入を合計すると4994億円である。県議会事務局が試算した嘉手納飛行場以北の経済効果は7245億9815万円であるが、その金額は県全体の農業と観光収入の合計の約1・5倍になるのだ。

嘉手納飛行場以北の米軍基地が返還された場合、農業と観光収入の合計の約1・5倍の経済効果があるとは考えられない。嘉手納飛行場以北は山が多く、軍用地の多くは山間部である。返還されても高層マンションどころか畑に転用することもできない場所が多い。北部の経済効果は大きなマイナスの試算が出るのは間違いない。

過疎化が進んでいる恩納村以北は米軍基地以外にも広大な未使用の空き地が多くある。空き地に隣接している米軍基地もある。空き地と隣接している米軍基地の経済発展する条件は空き地と同じである。米軍基地返還跡地だけが特別に経済発展するというのはあり得ない。それなのに嘉手納飛行場以北の米軍基地が返還されたら農業と観光収入を合計した４９９４億円よりもはるかに高い７２４５億９８１５万円の経済効果があると県議会は試算している。でたらめにもほどがあるといわざるを得ない。

嘉手納飛行場以北は７２４５億９８１５万円の経済効果であるとする県議会の試算を信じることはできない。嘉手納以北は７２４５億９８１５万円どころかマイナスの経済効果であるだろう。

なぜ県議会は米軍基地を全面返還したら９１５５億５０００万円の経済効果があると発表したか

米軍基地は経済効果がある。もし、米軍基地がなくなったら沖縄の経済は衰退すると主張し米軍基地を容認する理由にしてきたのが自民党県連や経済界であった。

米軍基地に経済効果がないとすれば自民党県連や経済界が米軍基地を容認する理由がなくなる。米軍基地撤去を目的にしている革新は自民党や経済界が米軍基地を容認している根拠を崩すために米軍基地がないほうが沖縄の経済は発展するのだという理論をでっちあげたのである。

革新の御用学者、識者、沖縄タイムス、琉球新報が９１５５億５０００万円の経済効果があることを繰り返し県民に吹聴し、それが真実であるように県全体に広めた。そのために自民党県連の政治家たちも信じるようになったのである。

米軍基地を返還したら本当は経済的にはマイナスであるのに、米軍基地を返還したら9155億5000万円の経済効果があるという試算を出したのは政治的な狙いがあったのである。革新は政治目的のためには嘘も平気でつく。その嘘を見破ることができないのが自民党県連である。

翁長氏は県知事選で9155億5000万円の経済効果を根拠にして「米軍基地は経済発展の阻害要因である」と発言したが翁長氏を批判する候補者は誰もいなかった。それどころか維新の党から立候補した下地氏も那覇新都心の経済発展を理由に米軍基地を返還したほうが沖縄経済は発展すると公言していた。保守も革新の嘘を信じているのである。

今は、米軍基地を全面返還したら9155億5000万円の経済効果の嘘が沖縄の常識となっている。子供だましの嘘の理論が蔓延しているのが沖縄である。その嘘が米軍基地撤去の最大理由になっている。美浜タウンに客を奪われた沖縄市の一番街、パークアベニュー、コリンザはゴーストタウンになっている。県議会はこの負の事実を隠している。

県政治は那覇新都心のような郊外型経済都市の登場によって犠牲をこうむりゴーストタウンと化した商店街の復興に力を注ぐべきである。ところが沖縄県の政治は経済が発展している那覇新都心を誇張しているだけである。最低の政治である。

翁長知事・県議会は「米軍基地を全面返還したら9155億5000万円の経済効果がある」を撤回し、県民に謝罪するべきである。

第三章

基地経済と交付金の沖縄経済に占める深刻さ

沖縄経済の基本

戦後の日本は原材料を輸入し、加工した製品を輸出して経済発展してきた。日本の経済は中国に抜かれるまで世界二位の地位にあった。貿易黒字が日本国民の生活を向上させてきた。沖縄県の経済はどのようなものか私たちはそれを知る必要がある。

平成二十二年に発表した沖縄県企画部の統計によると、平成二十年度(２００８年)の県の移入・輸入額は

移(輸)入　１兆４０１２億５２００万円
商品　１兆３４２７億９３００万円
原油　１５０７億１９００万円

となっている。

県全体で、商品や原材料を合わせて１兆４０１２億５２００万円の買い物をしたということだ。買い物をしたということはそれだけのお金が県外に出て行ったことになる。ということは県全体で１兆４０１２億５２００万円以上の収入があったとも言える。収入がなければ買うことはできないからだ。

家族の経済を考えると、例えばA家族で夫の給料が25万円あり、妻の給料が20万円であると仮定した場合、家族の年収は540万円になる。A家族が生活を維持するために使えるお金の限度額は540万円である。それ以上使うことはできない。借金をすることはできるが、借金は利子をつけて返済しなければならないのでやはりA家族の年間の生活費用は540万円である。

家族の集合体が県である。だから県も同じことが言える。1兆4012億5200万円以上の収入があったから1兆4012億5200万円の移(輸)入ができたのである。

私たちの生活を見てみよう。服、食品、電化製品、自動車など、私たちの生活を支えている製品のほとんどは県外から入って来た物ばかりである。県内で生産した物はわずかである。県外からの移(輸)入品なしには私たちの生活は成り立たない。

移(輸)入で製品が県内に入ってくるということは、その代わりにお金が県外に出ていくということである。県の移(輸)入が1兆4012億5200万円であるということは、1兆4012億5200万円というお金が県外に出ていったことになる。A家族の場合540万円の収入があるから生活のために使えるお金は540万円である。逆に考えるとA家族が540万円を使っているということはA家族の年に入ってくるお金は最低540万円であるということである。同じように県について考えると商品と原油で1兆4012億5200万円の買い物をしたということは、県外から最低1兆4012億5200万円のお金が県内に入ってきたということにもなる。県もA家族と同じで１兆４０１２億５２００万円以上の収入がなければその金額の買い物はできない。もし、県に入ってくるお金が一兆円しかなかったとしたら、県が移(輸)入できるのは最大一兆円である。

県はお金を発行することができない。お金は天から降っては来ないし、地から湧いてもこない。県が使えるお金は県外から入ってくるお金だけである。

移(輸)入は県内からお金が出ていく。逆に移(輸)出は県外から県内にお金が入ってくる。県外からお金が入ってくる方法として最初に考えられるのが移(輸)入の反対の移(輸)出だ。日本は輸出をして他国からお金が入ってきた。日本の工業生産能力は高く、輸入金額よりも輸出金額が多く貿易黒字だった。それが日本国民の生活を豊かにしていった。

沖縄の生産力はどうだろうか。日本全体の生産力は高く、国内で消費するよりも生産が多く、輸入金額より輸出金額が上回っているが、残念ながら沖縄の生産力は逆である。沖縄の生産力は非常に弱い。

移(輸)出商品にはどんな物があるだろうか。沖縄が昔から移(輸)出してきたのが砂糖である。さとうきびは亜熱帯植物であり、本土では栽培できない。さとうきびは琉球王朝時代から沖縄の基幹作物でありさとうきびから作る砂糖を輸出して外貨を稼いでいた。砂糖の他に沖縄の農産物にはパイン、菊、マンゴー、シークヮーサー、ゴーヤーなどがある。農産物の他にお菓子や石油製品などもある。

沖縄の平成二十年度(2008年)の移(輸)出の合計はは3943億0500万円である。

沖縄のリアルな第一次・第二次産業の経済力の弱さ

沖縄県の移（輸）出額は3943億0500万円である。それに比べて移(輸)入額は1兆4012億5200万円である。移（輸）出額と移(輸)入額とは大きな開きがあり、沖縄県の貿易は大赤字である。

移(輸)出と移(輸)入の差
1兆3427億9300万円—3933億5300万円
=9494億4400万円

移(輸)入額と比較すると移（輸）出額はマイナス9494億4400万円となる。移(輸)出と移(輸)入の差は大きく、移(輸)出金額は移(輸)入金額の二八・一%である。沖縄の一次二次産業が非常に弱いことを示している。

県の移(輸)出入の赤字は9494億4400万円だから、もし、県外からの収入が移出・輸出だけであるとすると赤字額の9494億4400万円の商品を私たちは買うことができないことになる。実に七一・九パーセントの移入・輸入製品が私たちの生活から消えることになるのだ。それが沖縄の第一次二次産業のリアルな経済力である。

私たちの生活から七一・九パーセントの移(輸)入商品がなくなるのを想像してください。県外からお金を得る方法が移(輸)出しかないとすれば私たちは現状の二八・一%の生活しかできなくなる。それでは到底生きていけない。沖縄で生活する人が、もし今の生活レベルを維持するためには七一・九パーセントの人口を減らして二八・一%にしなければならない。単純計算をすれば三十九万人しか沖縄で生活することができないということになる。一〇〇万人以上の人が沖縄から出ていかなければならないということになる。

戦前の人口は六〇万人未満だったがそれよりも少ない人口になってしまう。

沖縄は工業産業が発展していない。工業産業に比べれば農業などの第一次産業のほうが盛んである。サービス業以外の産業は戦前とそれほど変わっていないということである。農業中心の沖縄社会であるならば沖縄県の人口は百四十万人から三十九万人に激減するのは確実である。まさかそんなに激減しないだろうと思うかもしれないが。農業中心の北部や離島は人口が減少して過疎化している。北部や離島は戦前の経済に近い農業中心だから人口は減少したのだ。

奄美大島はさとうきび産業が中心であるが、戦後の奄美大島の人口は激減し、戦前の半分以下になっている。人口の激減は奄美民謡にも影響していて、奄美民謡の若い後継者が少なくなり、奄美民謡の存続がピンチなのだ。奄美大島の人口減少を見れば、農業中心の沖縄であるならば人口は激減し、三十九万人以下になるということが理解できると思う。

沖縄の土地は大部分が赤土で。赤土は比較的新しい土であり養分は少ない。だから、農業に向いている土ではない。それに沖縄には毎年台風が襲ってくる。暴風雨に襲われれば農作物の被害は甚大だ。沖縄は小さな島だから水も少ない。だから米や野菜類を栽培するのには適していない。戦前までの沖縄の主食は米ではなくさつま芋だった。さつま芋は干ばつに強いし、台風にも強い。だから沖縄で栽培されるようになった。さつま芋のもともとの名前は唐(から)芋と呼んでいた。中国からやってきた芋だったからだ。中国からさつま芋を導入した人は野國總管である。

わが国に甘藷(かんしょ)をもたらした「芋大主(うむうふしゅ)」野國總管

もともと琉球は土地がやせている上に、毎年暴風雨がある一方、日照りが続いて主食となる米・麦・粟(あわ)・豆・黍(きび)の五穀(ごごく)が実らず、しばしば飢(き)きんが起きました。そのたびに食べる物がなくて亡くなる人が多く、食べ物を求めて泣き叫ぶ幼児の声があちこちから聞こえていました。

「天日の照らすこの世に、どうしてこのような痛ましいことがあるのだろうか」

總管は天を恨(うら)んだこともありました。しかし、結局は人間の力をつくすことが足りないのだと思いました。

土地がやせているといっても、山は頂上まで樹木が生い茂っています。野には雑草がはびこっています。

「決して不毛の地ではない。この土地にも作物を生長させる力は無限にひそんでいるのだ。ここに適したもっとよい作物があるに違いない。これを探して民の苦しみを救おう。きっと救えるはずだ」

この思いを胸に抱き続けていた總管は、長い間新しい作物を探し求めていたのです。ですから、芋を初めて見つけた總管の喜びは、たとえようがないほどでした。

總管は、明に滞在中、ひたすら芋の栽培法を学びました。

やがて帰国するときには、芋を一番のお土産(みやげ)として持ち帰りました。慶長(けいちょう)十年（一六〇五年）のことです。さっそく郷里北谷間切(ちゃたんまぎり)の野国(のぐに)（現在の嘉手納町字野国(あざのぐに)）で試しに植えてみたところ、南島の暖かい陽の光をあびて、勢いよく芽を出しました。

總管は、芋の葉が伸びるごとに見回っては丹精(たんせい)に手入れをしました。やがて伸びたつるを切って植え替えてみました。それから一ヵ月、二ヵ月とたち、気が付けば半年もたっていました。つるを切って植え替えたところを掘り出して見てみると、何とつる一つにこぶし大の芋が三つも四つも付いているではありませんか。

總管はこの種芋(たねいも)を多くの人々に分け与えました。それを伝え聞いた遠くの村の人たちは、われもわれもと苗をもらいに来ました。

こうして芋は琉球の各地に広がっていきました。さらに当時、砂糖づくりに力を入れていた儀間真常(ぎましんじょう)が芋の栽培を奨励(しょうれい)したことによって、琉球のすみずみまで普及するようになりました。

このようにして芋は主食物の一つとなり、数多くの人々が餓死(がし)から救われるようになったのです。

「伝えたいふるさとの一〇〇話」財団法人　地域活性化センター

さつま芋が栽培されるまでは干ばつや暴風雨の度に多くの餓死者が出ていた。野國總管が中国からさつま芋を持ってきて多くの人が餓死から救われた。

さつま芋を主食用として栽培していた沖縄ではお金を得るための換金作物としてさとうきびを栽培していた。さとうきびを栽培している理由はさつま芋と同じようにさとうきびも干ばつに強いからである。換金作物として沖縄に適していたのは野菜や米ではなくさとうきびだったのだ。

さつま芋が主食で、お金を得る作物はさとうきびというのが琉球王朝時代から戦前までの沖縄だった。しかし、干ばつに強い芋を植えるようになったからといって沖縄が豊かになったわけではない。餓死の被害が少なくなっただけのことである。沖縄の自然環境は依然として厳しく、飢えとの闘いであった。

沖縄には昔からソテツ地獄と呼ばれている飢饉があった。ソテツ地獄というのは、暴風雨や干ばつなどで不作になり食べ物がなくなった時に、ソテツの実や幹を食べて飢えをしのぐことである。ソテツの実は毒性が強く、調理方法をあやまれば中毒死する怖い食物である。

ソテツ地獄は琉球王朝時代だけでなく、昭和のはじめ頃にも起こった。一九二九年には世界恐慌が起こり、世界恐慌は沖縄にも影響を及ぼした。沖縄の移(輸)出産業は砂糖が八割を占めていたが、一九二九年の世界恐慌で砂糖価格が暴落した。そのために農家の収入が激減した。

極度に疲弊した農村では、米はおろか芋さえも口にすることができず、調理をあやまれば命をもうばうソテツの実や幹を食べて飢えをしのがなければならなかったという。

「ジュニア版　琉球・沖縄史」

農業中心の沖縄は琉球王朝だけではなく昭和の時代でさえソテツ地獄を体験したのだ。戦前の沖縄の社会がどんなに貧しかったか想像できると思う。

戦前は米軍基地からの収入はなかったし日本政府からの交付金もほとんどなかった。戦前の貧しい農家は家族が生きるために子供を身売りした。男は糸満へ、女は遊女として辻の遊郭に売られた。明治以後、人身売買は法律で禁じられていたが、戦前の沖縄では半ば公然と人身売買が行われていたのだ。

沖縄の土地は農業に向いていないし、沖縄には石油や鉄鋼などの資源が埋蔵しているわけでもない。沖縄は元々豊かになれる自然環境ではなかった。だから、琉球王朝時代から戦前まで沖縄の民は貧しかった。

沖縄県の人口の推移

大正　９年（１９２０年）　５７万１，５７２人
昭和１５年（１９４０年）　５７万４，５７９人
昭和３０年（１９５５年）　８０万１，０６５人
昭和４５年（１９７０年）　９４万５，１１１人
平成　２年（１９９０年）　１２２万２，３９８人
平成２２年（２０１０年）　１３９万２，５０３人

沖縄の人口は、１９２０年から１９４０年の間は５０万人台で増えたり減ったりしていて６０万人を超えた年がなかった。これは偶然ではない。戦前の沖縄の産業が農業中心であったことが原因である。農業は一家族が普通に生活するためには一定の広さの畑が必要である。沖縄全体の農地では農業中心の沖縄ならば人口は６０万人が限界であると言われていた。人口推移にみられるように戦前の沖縄の人口は６０万人近くで増減を繰り返していて、６０万人を超えた年がなかった。これは偶然ではなく、６０万人を超える人間は沖縄では生きていけなかったことを示している。

戦後沖縄には米軍が駐留した。すると沖縄の人口は増え続け、戦前は60万人以下だったものが復帰前の1970年には94万5，111人に増加している。原因は米軍基地があったからである。奄美大島と比べるとそれが事実であることが分かる。米軍基地のなかった奄美大島の人口は21万6110人から7万0400人へなんと三分の一まで減少している。もし、沖縄に米軍基地がなくて奄美大島のように産業が農業中心であったら沖縄は奄美大島と同じように人口は減少し続け、戦前の人口60万人の三分の一の20万人になっていた可能性が高い。

実に120万人の人間が沖縄から消えることになるのだ。沖縄の農業の経済的実力は非常に小さいことを私たちは認識しなくてはならない。特にさとうきびの経済的実力は小さい。そのことを認識しなければならない。さとうきびの値段は1トン2万1000円前後であるが、その内の1万5000円が政府補助金である。さとうきび代金の4分の3は補助金なのだ。

もし、政府の補助金がなければさとうきび産業は壊滅するだろう。さとうきびから経済力の高い農作物への転換はどうしても克服しなければならない沖縄農業の重要な課題である。

沖縄の人口増加は基地経済が原因

沖縄と奄美大島の大きな違いは米軍基地があるかないかである。米軍基地のある沖縄は人口が増え続け、米軍基地のない奄美大島は人口が減り続けた。米軍基地経済が沖縄の経済発展と人口増加に貢献してきたのは明らかである。私たちはこの事実を冷静に受け止めなければならない。

1945年の沖縄戦で10万人近くの県民が戦争の犠牲になったにもかかわらず、1950年の人口は戦前の１９４０年より１０万人以上も増えて、６９万８，８２７人になっている。敗戦により南方や大陸に移民していた人たちが沖縄に戻されたのとベビーブームの影響であるが、注目すべきことは、戦前は６０万人が人口の限度であるといわれていたのに、戦争が終わって5年後の１９５０年には沖縄の人口が６０万人をかなり超えて７０万人近くになっていることである。

戦前の農業中心の沖縄では起こるはずのない現象である。それも沖縄戦で焦土化していた沖縄の農業はまだ回復していなかったから６０万人が住むのさえ困難であった。それなのに沖縄の人口は７０万人近くになったのだ。激戦で焦土化した沖縄で７０万人の人々が生活できたのは奇跡である。奇跡が起こったのは戦後の沖縄が農業中心の経済から基地経済へと移ったからである。米軍基地がもたらした経済が沖縄の人口を７０万人に引きあげたのだ。戦後、沖縄の人口は増え続け、平成２３年には１４０万人を突破した。戦前の農業中心の人口に比べて2倍以上の人口である。

沖縄の人口増加は基地経済が原因であることは宜野湾市を見れば一目瞭然である。

１９２０年から１９４０年までの宜野湾の人口は1万3，０００人前後で推移していてほとんど変化しなかった。戦前の沖縄は農業中心であり、宜野湾も農業中心の村であった。農業を営むには広い農地が必要である。人口に変化が見られないのは農業を営むのに1万3，０００人前後が限界であったからだろう。これ以上人口が増えると生活できない者が増える。農地を持たない次男、三男は宜野湾から出て行かなければならなかった。宜野湾が農業中心であったなら、戦後も人口は増えなかったはずである。

終戦直後の宜野湾市の人口は1万5，930人となり戦前よりわずかに増え、その後はどんどん増えて平成24年(2012年)には9万3、189人になった。人口が増えた原因は農業から基地経済に転換していったからである。軍雇用員、軍用地料、米兵と米兵の家族相手の商売によって宜野湾市の経済はどんどん発展していった。

米軍基地のある宜野湾市の人口増加は6万3688人
昭和35年(1960年) 2万9，501人
平成24年(2012年) 9万3、189人

米軍基地のない糸満市の人口増加は2万5630人
昭和35年（1960年） 3万3，580人
平成24年（2012年） 5万9、210人

米軍基地のない石垣市の人口増加は1万0314人
昭和35年（1960年） 3万8481人
平成24年(2012年) 4万8795人

宜野湾市の人口増加は6万3688人、糸満市の人口増加は2万5630人、石垣市の人口増加

は1万0314人である。糸満市も石垣市も経済発展の環境は好条件であり目覚ましく経済は発展しているほうである。しかし、米軍事基地のある宜野湾市に比べると経済発展に大差がある。

普天間飛行場が占める土地のうち、およそ92％は私有地である。このため、賃借料が地主に支払われており、2000年代は軍用地料が60億円台で推移している。宜野湾市には普天間飛行場だけでなくキャンプズケランもある。基地経済が宜野湾市の経済をうるおしているのは間違いないことである。

普天間飛行場など全ての軍用地が返還されれば、宜野湾市の経済的打撃は大きいだろう。

戦後の米軍による「銃剣とブルドーザーによる強制接収」に対して反対運動をした「島ぐるみ運動」は有名である。「島ぐるみ運動」では伊佐浜や伊江島の抵抗運動が必ず出てくる。なぜ、伊佐浜や伊江島などの農民は土地を接収されるのに激しく抵抗をしたか。

理由は、戦前まで沖縄は農業中心の社会であり、畑が接収されると生活ができないと信じていたからである。もし、土地闘争に勝利し、米軍基地が沖縄から撤去していたら、沖縄は戦前の農業中心のまずしい社会になっていた。

辺野古は米軍基地を受け入れた結果、経済が飛躍的に発展した。辺野古の経済発展の影響で、米軍基地を受け入れてもいいと考える村が次々と出てきて、土地闘争は下火になった。

沖縄が農業中心の社会であったなら非常に貧しい社会であったことが理解できると思う。私たちはこのことを強く認識して沖縄経済について考えなければならない。

観光収入で補填してもまだ赤字

県の移(輸)出入の赤字は9494億4400万円だから、もし、県外からの収入が移出・輸出だけであるとすると赤字額の9494億4400万円の商品を私たちは買うことができないことになる。実に七一・九パーセントの移入・輸入製品が私たちの生活から消えることになる。それが沖縄の第一次二次産業のリアルな経済力だが、農産物や工業製品の移(輸)出以外にお金が県外から県内に入ってくる産業に観光産業がある。県外からやってきた観光客が県内のホテルに泊まったり、食事をしたり。お土産を買ってお金を使えば県内にお金が入る。観光収入について検討してみよう。

観光収入は県外からお金が入るので移(輸)出入の赤字を補填することができる。平成二十年度(2008年)の観光収入は4298億8200万円である。沖縄の移(輸)出額は3943億0500万円だから、農業や工業よりも観光産業のほうが県外からのお金を多く稼いでいる。

移(輸)出　　3943億0500万円
観光収入　　4298億8200万円

移(輸)出と観光収入の合計が沖縄産業の県外からの収入の大半を占める。移(輸)出と観光収入を合計すると8241億8700万円になる。移(輸)入は1兆4012億5200万円だ。

移(輸)入から移(輸)出と観光収入を引くと、

九四九四億四四〇〇─八二四一億八七〇〇万円

＝五一九五億五八〇〇万円

となる。

観光収入で移(輸)出入の赤字を補填しても赤字は計五一九五億五八〇〇万円である。移(輸)出と観光収入が沖縄の産業であり、沖縄の産業は毎年五一九五億五八〇〇万円くらいの赤字を出しているということになる。観光収入を合わせても移(輸)出入の六三％しかない。もし、県外からの収入が第一次・二次産業製品の移出・輸出と観光産業だけであるとすると、私たちの生活は現在の六三％の生活水準に落ちることになる。今の生活水準を維持するためには、単純に計算すれば沖縄の人口は一四〇万人から八八万二〇〇〇人にならなければならない。五〇万人以上の人は沖縄で生活ができない。沖縄から出ていかなければならない。沖縄には多くのゴーストタウンができてしまう。

私たちは沖縄の経済実力の現実を直視するべきである。沖縄の産業は未熟であり、５１９５億５８００万円という莫大な赤字を生み出しているのだ。産業を発展させて赤字を縮小させていくのが沖縄経済の重要な課題である。

この赤字は那覇新都心の経済が補填することはできない。観光収入は県外から県内にお金が入ってくるが、那覇新都心で１０００億円の売り上げがあったとしても、それは県内のお金が那覇新都心で使われたことであって県の収入にはならない。それどころか那覇新都心で１０００億円の売り上げがあったとしたら、商品の原価が６０％であれば６００億円ものお金が県外に流出するのが那覇新都心の経済である。那覇新都心は県の黒字を増やす経済ではなく赤字を増やす経済なのである。

北部でしいたけ栽培が始まった。大量生産する計画だという。県内で売られているしいたけの９９パーセント以上が県外からの移(輸)入品である。北部のしいたけの生産が増し、県内の半分の売り上げに達したら、しいたけの県外からの移(輸)入を５０パーセント減らすことになる。大量に生産をして移(輸)出するようになればますます県経済の発展に寄与する。金額は小さくても、このようなベンチャー企業を多く輩出することが沖縄の自立経済を促進することになる。

※二年後の現在、しいたけ栽培は大きく発展し、県内の需要を満たしただけでなく、輸出もやるようになった。ベンチャー企業を育てることが県の大きな使命である。

基地経済と交付金の沖縄経済への貢献

観光収入で補填しても、まだ５１９５億５８００万円のマイナスである。県外から入ってくるお金には第一次・二次産業製品の移出・輸出、観光収入の他に米軍基地関連の収入と政府からの交付金がある。

米軍基地からの要素所得　１３９７億４５００万円
軍雇用者所得　　　　　　５２０億３５００万円
軍用地料　　　　　　　　７８３億７５００万円
米軍等への財・サービス提供　６８６億５１００万円
基地関係総収入の合計　３３８８億０６００万円

３３８８億０６００万円―５１９５億５８００万円
＝マイナス１８０７億５２００万円

基地関係総収入を補填しても１８０７億５２００万円の赤字である。最後に県に入ってくるお金として政府からの交付金が２５７４億６１００万円(２００８年度)ある。

2574億6100万円―1807億5200万円
＝767億0900万円

交付金を補填して、やっと767億0900万円のプラスになる。

移(輸)出　　3943億0500万円
観光収入　　4298億8200万円
基地関係総収入　3388億0600万円
交付金(純)　　2574億6100万円

移(輸)出が3933億5300万円であるにも拘わらず移(輸)入が1兆3427億9300万円と計9494億4400万円の貿易赤字を出せるのは、観光収入、基地関係収入、交付金の三大収入が沖縄経済を支えているからである。

県外から入ってくるお金
A移(輸)出　　3943億0500万円
B観光収入　　4298億8200万円
C米軍基地からの要素所得　1397億4500万円
　軍雇用者所得　　520億3500万円

軍用地料　　　７８３億７５００万円

米軍等への財・サービス提供　６８６億５１００万円

Ｄ 交付金　　２５７４億６１００万円

（注）観光産業はホテルの電気料金、内装代、送迎に使う車の購入費、燃料費、観光客が買う商品などには県外から仕入れたものが多いからそれらの原価は県外に流出する。それにホテルが本土資本であれば収益が本土に流れる。観光収入の最低３割くらいのお金は県外に出ていくと考えられる。４２９８億８２００万円の７割(３００９億１７４０万円)程度が県の収入となり、移(輸)入した商品を買うお金になるのではないかと思われる。交付金も建設工事の多くが本土資本に入札される。利益の多くは本土企業に流れる。資材も県外からの移輸入が多いから交付金の中から県外に流出するお金がかなりあるだろう。しかし、軍雇用員の給料は軍雇用員が直接受け取る。軍用地料も直接軍用地主に支払われる。軍用地主は４万人以上いて軍用地料の平均は１００万円以下であるから軍用地料は生活費に使う率が高い。観光収入や交付金に比べて基地関係総収入のお金が県内で流通する率は高いと思われる。

基地経済がＧＤＰの５％しか占めていないと経済効果の低さを強調する沖縄の識者や政治家は多いが、ＧＤＰからみれば観光産業も８％くらいであり基地経済と大差はない。ＧＤＰは県民所得の総合計だから、県経済を根で支えている経済と那覇新都心経済のように根の経済に支えられている枝葉の経済が混合している。ＧＤＰで基地経済の効果を判断するのは間違っている。

基地経済に代わることができる産業は県外からお金を流入させる観光産業や生産・製造業や商品をアジアから仕入れて本土に売る卸業やコールセンターやＩＴ産業のような本土へのサービス業である。それらの産業は返還地に立てる必要はない。返還される土地の上に基地経済に代わる産業ができると考えるのは間違いだ。

高嶺県議会長の主張の根拠は崩壊した

高嶺県議会長は、県議会事務局の試算で基地が全部返還した時の経済効果が年間９１５５億５０００万円に上るとの試算結果を根拠にして、復帰後１９７２年～２０１１年の間に沖縄に投じられた国の予算(９・９兆円)の少なさを指摘している。

「振興策について政府内からは『沖縄を甘やかしてはいけない』という議論があるが、試算を見れば３９年間で９・９兆円とは、支援策としてあまりにもたりないことは明白だ」

高嶺県議会長は復帰後、米軍基地が全て撤去されていた時の方が沖縄の経済は数倍も発展していたと主張し、「ポスト振興策の議論が始まる中、米軍基地による経済影響を正確に把握し、沖縄の自立経済を確保するため国の支援を求める根拠としたい」と述べている。

高嶺県議会長の「基地が全部返還した時の経済効果が年間９１５５億５０００万円に上る」と

いう試算は那覇新都心の経済効果を根拠にしている。那覇新都心の実質的な県への経済効果はゼロである。那覇新都心の実質的な県への経済効果はゼロなのであるから９１５５億５０００万円の経済効果というのは本当はゼロである。高嶺県議会長が国の支援が少ないという根拠はまともな経済論ではない。

もし、復帰した時に米軍基地が撤去され、政府の援助も少なかったら、沖縄はどうなっていただろうか。

基地がなくなれば軍用地料はなくなり、軍雇用員も全て解雇されて、アメリカ軍兵士や家族からの収入はゼロになる。復帰のころの沖縄の経済は基地経済以外はさとうきびやパインなどの農業が中心であった。さとうきびやパイン産業は沖縄を貧困にするだけである。沖縄単独の経済力では観光産業が発展するためのダムや道路やビーチをつくるのも困難であった。観光産業は今の半分も発展していなかっただろう。米軍基地がなかったら沖縄の人口は半減して沖縄全体が過疎化していた可能性が高い。

沖縄は農業に向いていないし、石油や鉱物資源もない。産業が育つには最悪の地だ。戦前までの沖縄の経済を見れば一目瞭然である。戦後の沖縄の経済発展は経済世界一位のアメリカと世界二位の日本の莫大な援助があったからであり、そのお蔭で第一次、二次産業が発展しなくても、第三次産業が発展して１４０万人の人間が住めるようになった。高嶺県議会長の経済効果の根拠は成り立たないのであり主張は崩壊している。

基地経済に代わる経済は那覇新都心経済ではなくベンチャー企業である。

基地経済に代わる経済は、観光産業、ＩＴ産業、製造業や新しいベンチャー企業がつくりだす経済であり、米軍基地が返還された場所につくった那覇新都心のような経済ではない。沖縄経済の問題は基地を返還するかしないかではなく。それぞれの産業が質的な変革をして大きく成長するかしないかである。

○農業

さとうきびやバイン産業から脱皮して、農業の大規模化、専門化、加工技術向上が重要である。それに本土や国外への販売網の開発ももっと積極にやるべきだ。キク栽培、かぼちゃの大量生産、久米島の冷熱農業・県産シイタケ量産栽培、植物工場（レタスなど）、月桃からの化粧水。アグー豚のブランド化等々。

○水産業

加工品の開発。水産業の大規模化、専門化、加工技術向上が重要である。マグロのブランド化・日本一を誇る久米島の車エビ・シラヒゲウニ養殖企業、スヌイ、アーサの加工品等々。

○工業

多くのベンチャー企業が誕生しています。県は有望なベンチャー企業を強力に援助し、成長を促進するべきです。本土企業の沖縄進出も増加していますが、まだ少ない。もっと誘致運動に力を入れるべきです。

○本土からの進出

昭和金型沖縄進出・東京計装の沖縄内進出・電気バス製造等々。

○台湾企業とのタイアップ

蛍光灯型ＬＥＤ灯製造。

○沖縄ベンチャー企業

センダンから薬品・ガソリン車をＥＶ車に・県産カバン全国出荷へ・県産月桃化粧品・小型潜水艦海外販売・水中可視光通信等々。

○ＩＴ産業は特に有望である

沖縄のＩＴ企業は、２１６社が県内進出している。２０１１年度生産額は推計３１６５億円となり、０６年度調査の２２５２億円に比べ約４０％増となった。雇用３万２９８５人である。１０年後は１・８倍を目標としている。

経済を発展させる第二次・三次産業は工業用地として埋め立てた造成地があるし、すでに存在する空き地や建物などがあり場所は充分確保できる。米軍基地の返還地である必要はない。

肝心なことはベンチャー企業が増えることと成長することである。うるま市の特別自由貿易地域にある金型技術センターを中心とした県内企業など約１５社がマイクロＥＶ(電気自動車)を完成させた。沖縄の製造業も少しずつ発展している。

観光産業、ＩＴ産業、製造業、農業の全体が発展することが大事である。人間には向き不向きがある。観光業だけ発展しても沖縄の人間のそれぞれの才能を生かすことにはならない。ＩＴに向いている人間はＩＴ企業に就職し、製造業に向いている人間は製造業に就職できるように幅広く産業を育てることが大事だ。中国や東南アジアの経済成長が沖縄の経済発展に大きく影響するだろうし、東南アジアへの進出を県は強力に推進するべきだ。

沖縄の米軍基地は社会主義国家中国への抑止力として存在しているのであり、沖縄経済を発展させるために存在しているわけではない。また、経済の発展を阻害するために存在しているわけでもない。沖縄経済の発展するための土地は米軍基地が存在していても揃っている。

米軍基地が存在するゆえに戦後の沖縄の経済はめざましく発展した。それは認めるべきである。ただ、沖縄の経済の発展に寄与するために米軍基地は存在しているのではない。中国の脅威を抑止するために存在している。だから、中国の脅威がなくなれば米軍基地のほとんどは撤去するだろう。

沖縄経済にとって米軍基地は徐々に撤去するのがいい。今まではそのようにやってきた。嘉手納飛行場以南の米軍基地すべてを撤去するのは、今までにない広範な米軍基地撤去である。県が経済対策を誤れば沖縄経済が衰退する可能性がある。

有効な経済政策を実施するには沖縄経済状況を正確に把握する必要がある。米軍基地全面返還したら９１５５億５０００万円の経済効果あるという馬鹿げた認識を持つなら県の経済政策は失敗するだろう。

第四章

沖縄に蔓延している嘘を暴く

○米軍基地があったから戦後７０年間も沖縄は侵略されなかった

「もし、戦争が始まったら米軍基地のある沖縄が真っ先に攻撃される」というのは戦後ずっと言われてきた。県民はその噂を信じて戦争の恐怖に襲われ米軍基地撤去を願ってきた。

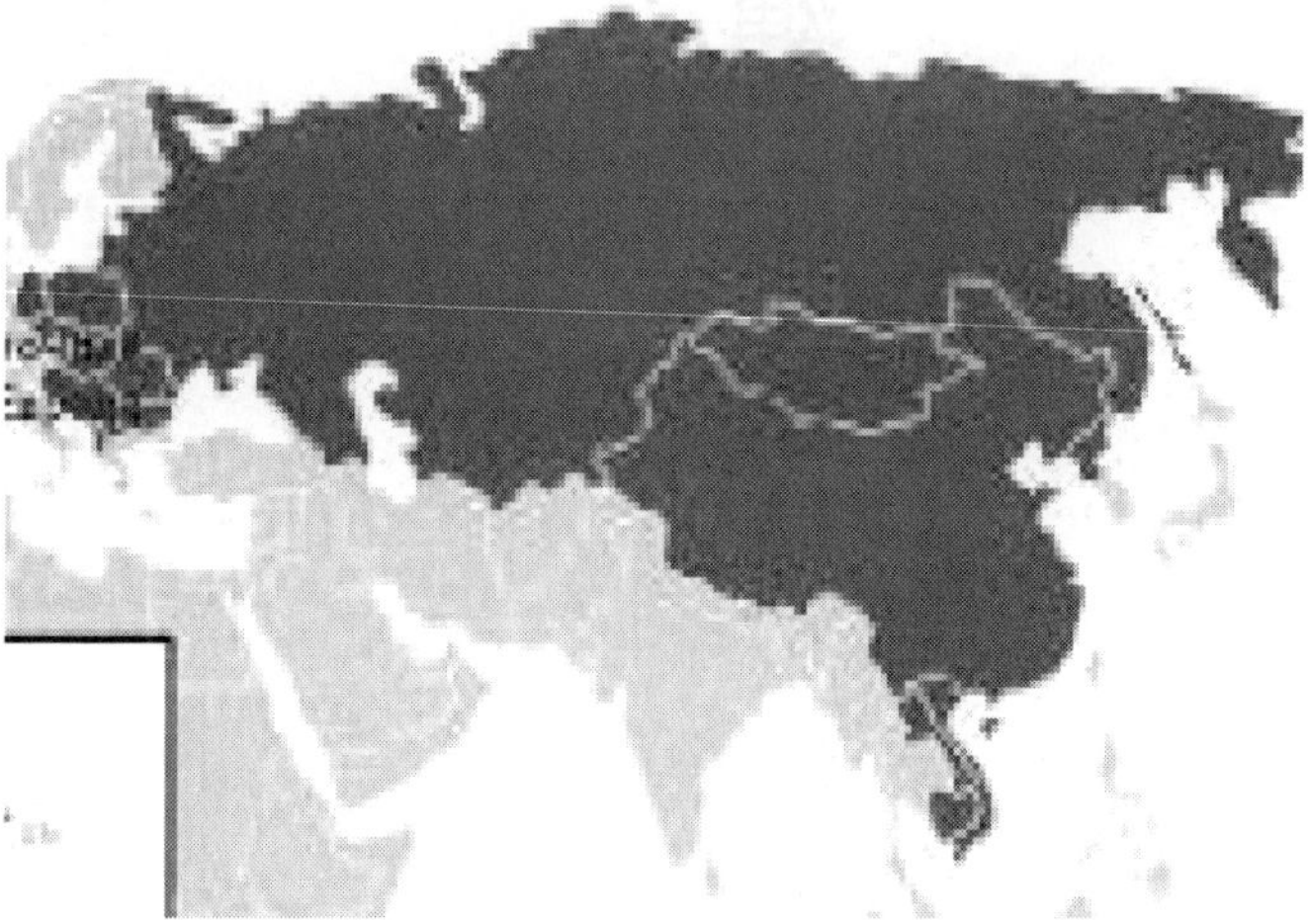

しかし、戦後70年間沖縄は戦争に巻き込まれなかった。沖縄の周辺で戦争がなかったわけではない。戦後のアジアは戦争が繰り返された。米軍は多くの戦争に参加した。しかし、沖縄は攻撃されなかった。

黒塗り部分は1991年にソ連が崩壊する前の社会主義国家圏である。図を見て分かるとおり、アジア大陸のほとんどが社会主義国家であった。

朝鮮半島では300万人の死者が出たと言われている朝鮮戦争があった。ベトナム戦争もあった。カンボジア内戦があったし、フィリピンでは共産ゲリラやイスラム原理主義との内戦があった。ウイグルやチベットは中国の人民解放軍に侵略された。

戦後のアジアは戦争と侵略が繰り返されたのである。アジアの中で戦争や侵略に巻き込まれなかったのは日本・沖縄だけであった。「もし、戦争が始まったら米軍基地のある沖縄が真っ先に攻撃される」と言われ続けてきたが、歴史的な事実は、米軍はアジアで戦争をしたが沖縄は一度も戦争に巻き込まれなかったのである。

なぜ、沖縄は戦争に巻き込まれなかったか。理由ははっきりしている。世界最強の米軍が駐留していたからである。中国をはじめアジアの国々は世界最強の米軍と戦うことを避けた。

米軍と戦争をすれば確実に滅ぼされるからだ。滅ぼされるのを覚悟で戦争をするバカはいない。米軍が駐留している沖縄を攻める国は存在しなかった。米軍と戦争になったら真っ先に沖縄が攻撃されるというのはバカバカしい妄想である。

○米軍は沖縄・日本の安全を守っている。

米軍が駐留したから沖縄・日本は平和であった。米軍が駐留していなかったら常に侵略の危険がつきまとっていた。フィリピンから米軍が撤去すると中国が南沙諸島に侵略した。米軍が撤去しなければ中国はフィリピンに侵略しなかったはずである。もし、沖縄・日本に米軍が駐留していなかったら沖縄・日本もフィリピンのように侵略されていただろう。

○米軍はアジアの民主主義国家の安全を守っている。

北朝鮮の侵略から韓国を守るために米軍は韓国に駐留している。中国が台湾に侵略すれば米軍が台湾を守る協定があるから中国は台湾に侵略しなかった。南沙諸島に中国が侵略してきたので、米軍はフィリピン軍と合同練習をしたり駐留をしてこれ以上の中国の侵略を抑止している。

米軍が沖縄に駐留しているのは、沖縄・日本だけでなく、アジアの民主主義国家の安全を守るためである。しかし、革新はそのことを無視し、米軍が駐留しているから戦争に巻き込まれると吹聴するのである。

○アジアと日本の経済発展にはアジアが平和でなければならない。そのためにも米軍は必要である。米軍はアジアの平和を守っている。

二〇一一年末現在、三万六七〇八名のアメリカ軍人が日本に駐留している。

アジアの海を警戒している航空母艦第七艦隊の東アジア太平洋地域の洋上要員は「海軍」と「海兵隊」計一万三六一八人である。

在韓米軍は二〇〇九年現在、二万五〇〇〇人とも二万八五〇〇人とも言われている。

原子力潜水艦はアジアの海を監視している。

在日米海軍のイージス艦は3隻増えて計１２隻体制となる見通しである。

アジアに駐留している米軍は合計で七万五三二六人から七万八八二六人である。

米軍は韓国や日本やフィリピンの軍隊と合同演習をして、中国の侵略を防いでいる。

沖縄には嘉手納飛行場、普天間飛行場、ホワイトビーチ、トリイステーションなどがありアジアを守っている
沖縄の海兵隊はアジアの国々との合同演習をしてアジアの国々の軍隊を鍛えている。

自衛隊は沖縄の空と海を守っている。

アジアのＴＰＰ交渉参加国は日本、ベトナム、マレーシア、ブルネイ、シンガポール、オースト

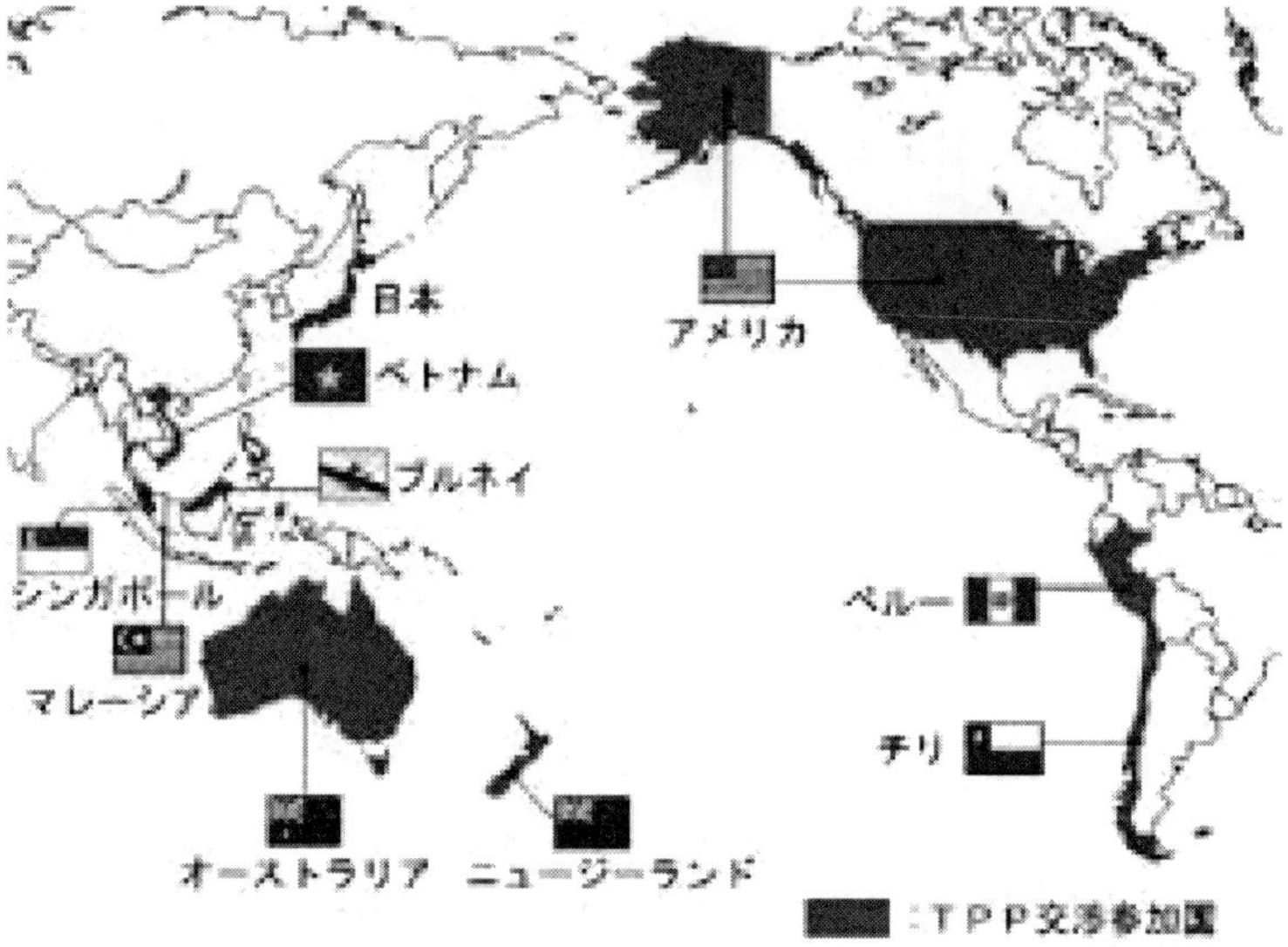

ラリア、ニュージーランドである。ＴＰＰ参加国は東アジアの全域にまたがる。

貿易が順調に行われるために絶対に必要なことは物資や人を運ぶ海が安全であることだ。海の安全を守るためには軍隊が必要である。しかし、参加国の軍隊は日本以外は弱い。ベトナムやフィリピンは中国に侵略されている。中国の侵略や海賊、イスラム原理主義などのテロ組織の攻撃から守るためには世界最強の米軍が必要である。ＴＰＰ協定が結ばれればいっそう米軍は重要な存在になる。

○米軍が沖縄に集中しているというが、本土には自衛隊２２万人、米兵２万人居る。沖縄の米兵は２万人弱である。米軍基地が沖縄に集中しているというのは自衛隊の存在を隠した革新の詭弁である。

日米政府は辺野古移設と並行して嘉手納基地以南の米軍基地を撤去し、海兵隊８０００人を削減しようとしている。削減すれば沖縄の米兵は１万人強になる。米軍の沖縄集中は嘘である。

○嘉手納飛行場以南の米軍基地は撤去する計画である。そうなれば沖縄本島の８０％以上の県民の周囲から米軍基地はなくなる。

沖縄県４１市町村の内、沖縄本島は県庁所在地の那覇市を含む２６の市町村があるが、沖縄本島は県の人口約140万人の内、およそ9割に当たる約129万人の人口を有している。また、沖縄本島の人口の90％は中南部に集中している。

中南部には嘉手納町、読谷村、うるま市が嘉手納飛行場以北になるので、嘉手納飛行場以南の人口は約八割になる。つまり、本島の八割の人口の周囲から米軍基地はなくなるのである。

米軍基地の過重負担とよく言われるが。普天間飛行場を辺野古に移し、嘉手納飛行場以南の米軍基地を撤去すれば、本島の八割の人口の周囲から米軍基地はなくなり、米軍基地負担から解放されるのである。そうなれば過重負担とは言えない。

○基地被害と戦争被害は雲泥の差がある。戦後の沖縄は戦争被害はなかった。

戦争は殺し合いである。多くの人たちが殺される。戦争被害と基地被害は違う。沖縄戦の数か月の間に20万人の住民と日本兵が殺された。しかし、戦後の70年間で米軍基地被害による死者が沖縄戦のように20万人も殺されたことはない。ジェット機やヘリコプターの墜落や交通事故死などで県民に死者が出たが、70年間で県民が死んだのは数十人である。沖縄戦の20万人に比べれば非常に少ない。戦争被害と基地被害は違う。

ジェット戦闘機の墜落で多くの犠牲者が出たのが宮森小学校の墜落事故である。死者17人（小学生11人、一般住民6人）、重軽傷者210人であり、戦後の基地被害として最大であった。事故が起こったのは1959年6月30日である。今から59年前である。その後もジェット戦闘機やヘリコプター墜落事故で県民の命が失われたことがあったが、宮森小学校のような犠牲者は出ていない。基地被害は年々改善されてきている。

米軍基地があるから中国やテロリストの侵略はなく、戦後の沖縄は平和であった。基地被害を戦争被害と同一視するのは間違っている。

○米兵が犯罪や事故を起こしても日本が裁いている。米軍は犯人逮捕に協力している。

○米軍は犯罪防止に努力している。

○米兵の交通事故率・犯罪率は沖縄県民より本当は低い。

発生数ではなく、発生率も米兵のほうが少ないという統計が出ている。

○辺野古埋め立ては辺野古崎沿岸だけであり、辺野古の海も大浦湾も埋め立てない。

○辺野古埋め立ては辺野古区民が容認している。

漁師が辺野古の真実を話す

テント村の人達は辺野古区民としてはうるさくて迷惑している。あんなことはやってほしくない。辺野古移設については漁師は全会一致で容認している。賛成ということではないです。賛成でもなければ反対でもない。容認です。ちゃんと漁業への補償などをやってくれることなど、私たちの要求を受け入れてくれるなら容認するということです。私たちが移設を容認していることがなぜか外には伝わっていません。

テント村の人達に地元の人はほとんどいません。私が見る限り一人も居ないです。おじいちゃんとかおばあちゃんとかがたまに二、三人テントに居たりしますが、彼らはお金で雇われているようです。私はそのように聞いています。

実はですね。私がメディアに辺野古の実情を一部始終話してもほとんどカットされます。県民には伝わらないです。

「辺野古の人を助けたい」と言って辺野古にやってくる人がかなり多いですが、ほとんどの人がメディアの間違った情報を信じているんです。それをどうにかしたいのですが、私たちの考えが外には伝わらないのでどうしようもありません。

普天間では人の頭の上を軍用機が飛んでいるというし、とても危ないですよ。だったら早めに辺野古に移設したほうがいい。私や辺野古の人はみんなそう思っています。とにかく、早めに移した方がいい。

テント村の人たちですが、高江に居たりしているし、この前は泡瀬に居たようです。なんでもかんでも反対している人間のように私には見えます。辺野古の人もみんなそう思っています。私たちに危害を加えることはないから、まあ、やりたいように勝手にやったらいいという感じです。一人になると彼らはなにもできない。団体だとワーワー騒いでうるさいですが、一人だと大人しくて全然話をしないです。

埋め立てる時に土砂は流出しないのだから魚がいなくなるというのはあり得ない。ただ、海流に変化が起こるのでそれが漁にどのような影響があるのかは分からない。それは気になります。しかし、テトラポッドが設置されるので海が今よりきれいになるのは確実です。それにテトラポッドは漁礁にもなるので魚が増える可能性もある。

メディアはちゃんと私たち辺野古民の気持ちや意見をちゃんと正確に報道してほしい。賛成・反対は別として、反対なら反対の意見をいう人の反対する理由をちゃんと報道すればいいし、賛成の意見を言う人が居るなら賛成の理由をちゃんと報道してほしい。それが私の切なる願いです。

○ある老辺野古民は訴える

水島氏が船に乗るために移動していると、見知らぬ老人が近寄ってきて水島氏を呼び止めた。水島氏はテント村の連中と勘違いされないために「私たちは反対運動じゃないです」と言った。老人

をそれを承知で水島氏を呼び止めたようである。老人は「なにも考える必要はない」と言い、手振りを交えながら、「普天間飛行場は危ないだろう。一日でも早くこっちに移した方がいい」と言った。そして、「物事は理性で判断するべきだ。あれたちはなんでもかんでも感情的だ」とテント村の連中を非難した。水島氏と話し合った老人はすっきりした顔になり、「ああ、話してよかった」と言い、帰っていった。

昔から脈々と受け継がれている隣人を憐れみ思いやるウチナー魂を老人は見せてくれた。

○辺野古埋め立ては自然を破壊しないし、ジュゴンにもサンゴにも影響しない。

埋め立てを普通に考えると土砂をどんどん海の中に流し込むというものだが、もし、土砂をどんどん流し込むと土砂が広がって海底の広範囲を埋めてしまう。そうなるとものすごい大量の土砂が必要になる。それにそのような埋め立て方法だと大浦湾も辺野古の海も土砂で埋まりサンゴや生物は死滅するだろう。しかし、そのような海の広範囲を汚染する埋め立ては日本では行われていない。

それではどのようにして海を埋め立てるのかを説明しよう。

最初に海底に土台をつくった後、コンクリート製の箱船を埋め立て地の周りに隙間無く並べる。この箱船の名前はケーソンと言う。ケーソンの底の栓を抜くと水が入って沈む。傾かずに沈むように海底の状態を修正する。沈んだケーソンに岩石などを入れて重くする。土砂も同時に入れる。ケーソンの上に上部コンクリート壁を築く。消波ブロック(テトラポッド)は魚巣にもなる。

全部沈むと埋め立て地の外壁ができあがる。海水は最初は吸い上げない。だから外海の水圧の影響は受けない。囲いの中に土砂を流し込む。それに応じて海水を吸い上げ放出する。中に土砂を流し込んで埋め立て地の出来上がり。

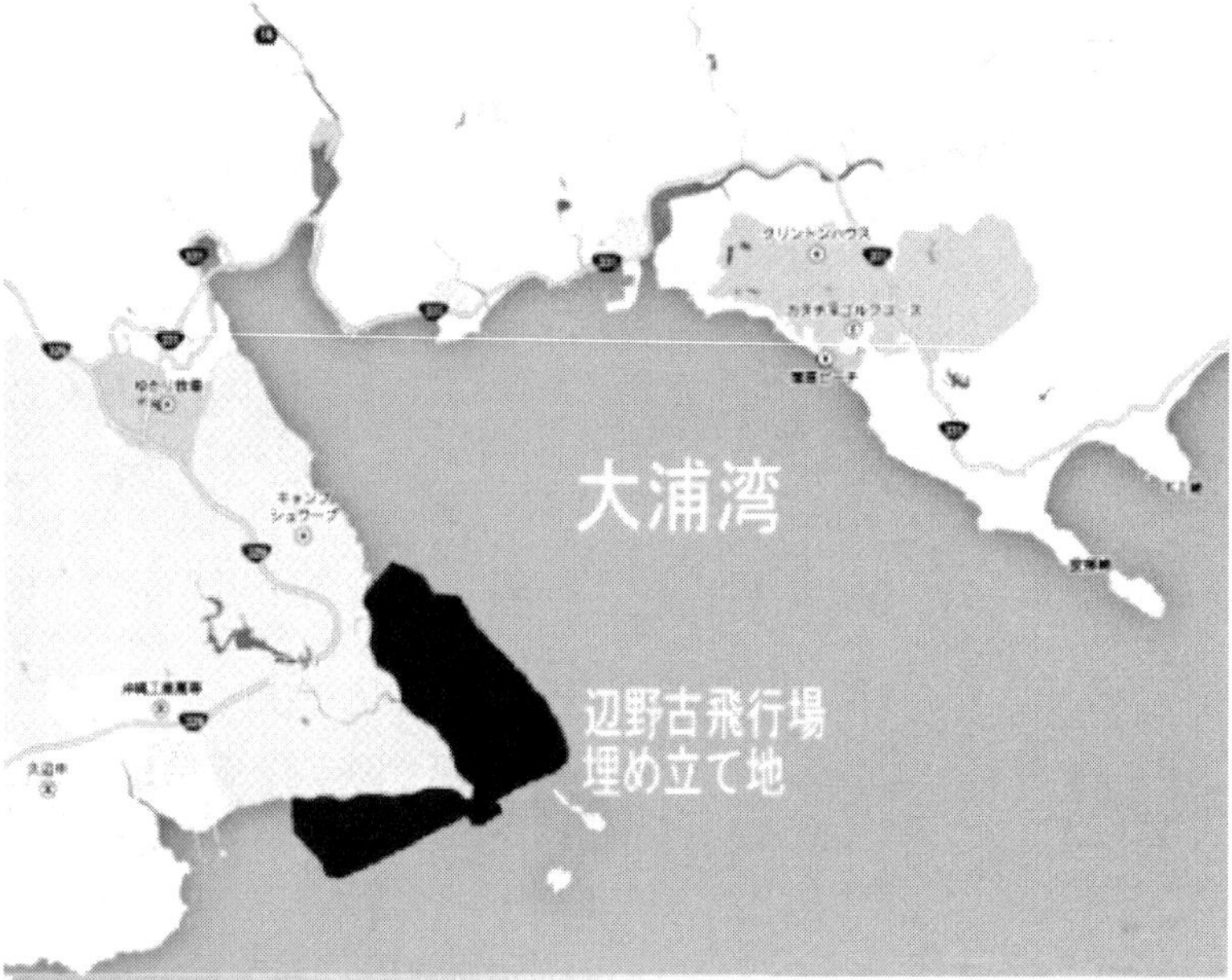
大浦湾
辺野古飛行場
埋め立て地

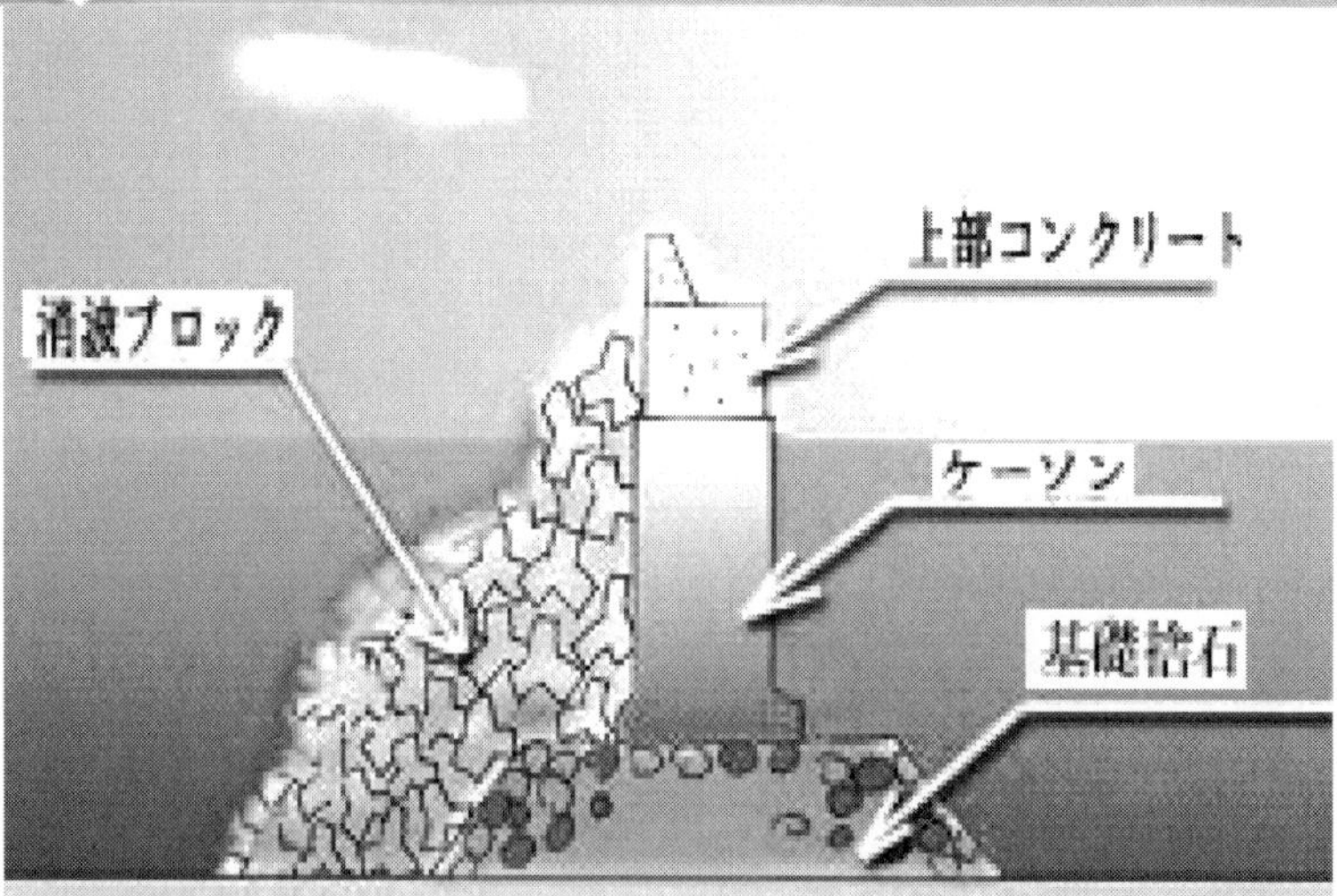
上部コンクリート
消波ブロック
ケーソン
基礎捨石

○大浦湾の藻が繁茂している原因はキャンプシュワブの自然林にある

「特にキャンプ・シュワブ大浦湾側、つまり普天間代替飛行場移設事業による直接の埋め立て地の中が最も多くジュゴンに利用されている」

埋め立て反対派グループの報告である。キャンプシュワブ側に藻が最も多く生えているとそのグループは報告している。しかし、その原因は報告していない。原因を報告するのは彼らにとって不都合であるからだ。藻が繁茂している理由はキャンプシュワブを流れている美謝川にある。

美謝川の水にはキャンプシュワブの山の豊富な養分が含まれている。だから美謝川河口周辺には藻が繁茂しているのだ。そして、美謝川から流れ出る水が大浦湾の自然も豊富にしているのだ。

美謝川河口は埋め立て地にあるが、河口は北の方に移す予定である。美謝川があれば大浦湾の自然は守られる。

○大浦湾・辺野古の海が豊かなのはキャンプシュワブの山のお蔭である

キャンプシュワブの山は昔のままである。その山から大浦湾に流れている美謝川が大浦湾の自然を豊かにしている。　他の大浦湾の川は川沿いに住宅や畑があり河口には赤土が流れ出て汚染されている。大浦湾の北側には広大なカヌチャゴルフ場がある。ゴルフ場も海の汚染こそすれ、自然を豊かにはしない。大浦湾・辺野古の海が豊かなのはキャンプシュワブの山のお蔭であるといっても過言ではない。山の自然が保たれれば海の自然も保たれる。それが真実だ。

○辺野古飛行場の周囲は海と山である。一番近い辺野古区でも1キロメートル離れている。騒音被害はなくなり、事故が起きても県民の命は安全である。名護市街地からは山を挟んで10キロメートルも離れている。

名護市は東海岸と西海岸にまたがっている。名護市街地は西海岸にあり人口が集中している。普天間飛行場移設予定地の辺野古は東海岸にある。辺野古と名護市街地は山を越えて約一〇キロメートル離れている。

飛行場に一番近い辺野古区の住民は移設を容認しているのに、辺野古から一〇キロ以上離れている西海岸の名護市民が反対している。理由は埋め立ては自然を破壊するし、米軍の飛行場は危険だからというのである。辺野古区の住民が危険を理由に反対するのなら理解できるのだが、辺野古区民は移設を容認して、飛行場から遠い西海岸の市民が反対しているのは納得できない。

辺野古飛行場の周囲は海と米軍基地である。住民の住んでいる辺野古区から一キロメートル近く離れている。これほど安全な飛行場は全国でも少ないだろう。それに比べて普天間飛行場の周囲は住宅密集地である。世界一危険な飛行場と言われている。

辺野古飛行場から一〇キロメートルも離れている西海岸の名護市民は東海岸の辺野古区民の移設

容認を無視し、普天間飛行場の危険性を無視しで辺野古移設に反対したのである。

名護市民はエゴイストであり人命軽視をしていると言わざるをえない。

○大浦湾は観光地に向いていない。しかし、辺野古飛行場ができれば、嘉手納飛行場のように多くの県民や観光客を呼ぶことができる。辺野古や大浦湾周辺の経済が発展する。過疎化を防ぐことができる。

大浦湾に行ってみるとわかることだが大浦湾は絶景ではない。それどころかむしろ沖縄では下のランクに入る。もし、大浦湾が風光明媚であり、観光に向いているとすればすでに観光地になっていたはずである。しかし、辺野古移設問題が起きるまで観光として関心がなかった大浦湾である。

東海岸にある大浦湾では美しい夕日を見ることができない。それに大浦湾の西側には高い山があるので日が暮れるのが早い。だから、観光地には向いていない。観光地が西海岸に多いのは美しい夕日が見れて、日が暮れるのが遅いからである。東海岸にあるだけでも大浦湾は観光地に向いていないのだ。それだけではない。大浦湾の入り江のほうは赤土の混ざった砂である。対岸のキャンプシュワブはなんの変哲もない山が連なっているだけである。

嘉手納飛行場を見に来る観光客は多く、道の駅かでなは観光客で賑わっている。辺野古飛行場ができ、オスプレイが配備されれば観光客や県民が辺野古飛行場見物にやってくるだろう。経済が発展し辺野古や大浦湾周辺の過疎化を防ぐことができる。

後書き

那覇新都心地区は消費地帯であり県全体からみればゼロの経済効果であるが、莫大な経済効果があると嘘をついて、米軍基地は経済発展の阻害要因であると県知事や県議会、マスコミは言う。彼らは沖縄の人々の将来の幸せを真剣に追及しているのか疑問である。

政治・経済の発展に重要なのは正確な情報である。嘘の情報を参考にして計画を立てれば失敗するのは目に見えている。そんな計画は沖縄に不幸をもたらす。県は経済効果はゼロであるのに莫大な経済効果があるという試算を出して、米軍基地を全面返還したほうが経済は発展すると主張しているが、米軍基地を一気に全面返還したら沖縄経済は破綻してしまうだろう。沖縄の政治家、マスコミは沖縄の幸せではなく不幸にする考えを持っている。考えられないことである。

返還跡地には那覇新都心と同じくらいの面積がある読谷飛行場がある。読谷飛行場跡は役所や運動場の他は畑である。農業の売り上げは一億円にも満たない。県やマスコミは都合の悪い読谷飛行場は返還地跡地に入れていない。隠している。

米軍基地を全面返還し那覇新都心のような街をつくれば経済は飛躍的に発展すると県民にバカげた妄想を植えつけているのが沖縄の政治家やマスコミである。

政治家・学者・識者・マスコミはもっと真剣に沖縄のことを考えてほしい。

二〇一五年三月十日発行

翁長知事・県議会は撤回せよ謝罪せよ

著者　又吉康隆
一九四八年生まれ　琉球大学国文学科卒
著書　沖縄に内なる民主主義はあるか

編集・発行者　又吉康隆
発行所　ヒジャイ出版
〒　９０４‐０３１４
沖縄県中頭郡読谷村字古堅５９‐８
電話　〇九八‐九五六‐一三二〇
印刷所　東京カラー印刷株式会社

沖縄に内なる民主主義はあるかＡ５版１５００円(税抜)

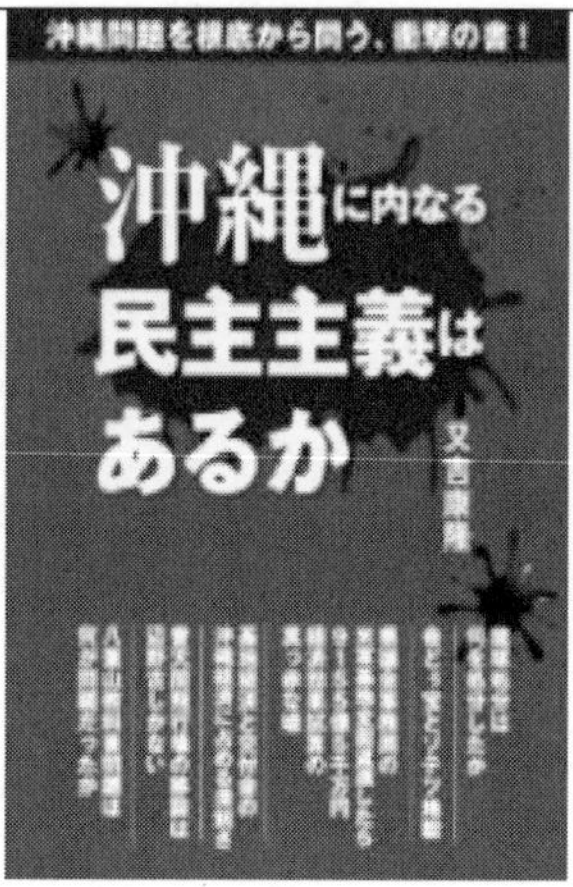

「沖縄に内なる民主主義はあるか」は全国の書店で購入できるようになりました。取次店は地方・小出版流通センターです。書店に申し込めば３日から一週間以内に届きます。

○琉球処分はなにを処分したか
○命どぅ宝とソテツ地獄
○県議会事務局の米軍基地全面返還したら９１５５億５千万円経済効果の真っ赤な嘘
○普天間飛行場の移設は辺野古しかない
○八重山教科書問題は何が問題だったか